偽りの夜明けを超えて Ⅰ

False Dawn

「冷戦終焉」という過ち

中西輝政
Nakanishi Terumasa

PHP

まえがき

世界は混迷を深め、いまついに大動乱の時代を迎えている、といわれている。それはまさにそのとおりなのだが、本書の主要テーマは少し違っている。

それは、（Ⅰ）および（Ⅱ）からなる本書の第一巻のタイトル『偽りの夜明けを超えてⅠ――「冷戦終焉」という過ち』のなかに、まずその一端が表されている。偽りの夜明け、とは英語でFalse Dawn《フォールス・ドーン》のことで、よく使われる表現だ。東の空が白み始め、晴れ渡る朝――つまり大いなる新時代――の到来が期待される黎明の空に胸を躍らせたが、やがてそれが「見せかけ」だったことがわかり、幻滅の反動に襲われることを指す。さかんに「冷戦の終わり」が語られ「歓喜のとき」に浸った三十年前、誰がこのような世界を予想しただろうか。

もはや繰り返すのもためらうが、筆者はこの三十年間、こうした世界秩序崩壊の可能性について何度も論じてきた（そのごく一部として拙著『覇権の終焉』ＰＨＰ研究所、二〇〇八年。『日本人として知っておきたい「世界激変」の行方』同上、二〇一六年がある）。また、こうした「世界動乱」への予想される見通しから、あるべき日本の選択についても論じてきた。そうした観点からその後の展開をフォローした論考が、本書第一部「『偽りの夜明け』に警鐘を鳴らして――二〇一〇年代」のなかに時系列に沿って収められている。

しかし、あえていえば、本書の真骨頂は第二部の「見え始めた本当の夜明け――『歴史の吊り橋』を渡る二〇二〇年代」の各章の議論にある。

世界はいま、本質的な意味で決して終わってはいなかった冷戦――本書の続編（Ⅱ）で論じるつもりだが、それは実のところ十九世紀末に始まる「世界覇権競争の時代」の継続だった――の終焉を誤って、多くの対立と混乱が地上からなくなる〝素晴らしき新世界〟の到来、と受け止めたことによる代償の支払いを迫られているといえよう。それは私が九〇年代初頭から繰り返し論じていたところだが、いわゆる「冷戦後」の世界秩序が大きな崩落に向かっていることは当時から、次の四つの点で私にとってはきわめて明らかであった。

第一に、九一年の湾岸戦争以後、アメリカのいわゆる「一極覇権主義」が強まっていたこと。それがやがて「九・一一」同時テロやイラク戦争、そしてその反動としてオバマ＝トランプ両政権下で進んだ孤立主義は、中東に始まる世界秩序の現在における混迷の根本原因の一つであった。

第二は、私のいう「ロシア、中国の復讐主義《レヴァンシズム》」である。詳細は本文を参照していただきたいが、いわゆる「冷戦の敗者」だったこの二国が、いかにして今日の〝大いなる挑戦者〟となりおおせたのか。これは世界が現在の苦境を脱するうえで重要な方向性を探る問いになってくる。

第三、第四の要因として、これもまたもや本文に譲るべきだが、簡潔にいえば一つは一九七〇年代に始まる、いわゆる「文明の衝突」と、世界各地での宗教意識の歴史的な覚醒であり、もう一つは八〇年代以後の経済のグローバリゼーションと市場資本主義がもたらした先進国社会と途上国への強烈な政治的インパクトが挙げられる。

いずれにせよ、こうして混迷の極に陥《おちい》っていった二〇一〇年代の世界は、おそらく二〇二〇年代に入るころに一つの「分水嶺」を迎えることになったのではないか、というのが本書・第二部の見方である。これはおそらく、まだ多くの人が論じていない私の仮説的考察であるが、二〇二〇年の世界的パンデミックの爆発的な広がり、同年秋のアメリカの大統領選挙――そして二二年の中間選挙――におけるバイデン政権の登場とその堅実な存続、そして「香港の自由」の圧殺や台湾への威嚇などによって、中国共産党政権が国際社会での立場を自ら破壊し始め、政治、経済面でかつてない孤立と包囲網の回路に陥り始めたことが挙げられる。

そしてこうしたなかで、昨年来のプーチン・ロシアによるウクライナ戦争が始まり、かつてない「核戦争への危機」をさらに高めながら、世界を揺るがしている。まさにいま、われわれはまことに危うい「歴史の吊り橋」を渡っているのである。

では、それがなぜ、第二部のテーマ「見え始めた本当の夜明け」ということになるのか。そして、またそこに三十年ぶりの日本の再生を見出しうるのか。もはや、「まえがき」でそれに触れることはできないが、本書の、類書とは異なるユニークさがそこにあることだけは申し上げておきたい。

本書はこの数年、私が月刊誌『Ｖｏｉｃｅ』に掲載した国際政治と日本のあるべき進路についての論考を集めたものである（巻末の所収一覧参照）。ただ、このタイミングでの出版には正直、迷いがあった。それは前述のように、たとえユニークではあってもいま現在、足下の情勢が多くの読者の納得が得られるような時宜に叶った状況になっておらず、まだ「早すぎる」議論になってしまうのではないか、という懸念が私のなかにあったからである。ただ、諸般の事情から取り急ぎ本書を第Ⅰ巻として刊行し、大方の反応を受けとめてから学ばせていただいて、時を得て第Ⅱ巻の刊行につなげたいと思っている。

最後に、本書の刊行に際し、ひとかたならぬお世話をいただいたＰＨＰ研究所の永田貴之氏と白地利成氏に心よりお礼を申し上げたい。

二〇二三年三月

中西輝政

偽りの夜明けを超えてⅠ

目次

第二章 中国と日本の百年マラソン

第三章　平成日本衰亡史

第四章　眼前にあった自立への「追い風」

第二部　見え始めた本当の夜明け――「歴史の吊り橋」を渡る二〇二〇年代

第五章　戦後七十五年の日本は合理主義の精神に目覚めるとき

第八章　価値観を重視する「新しい現実主義」を

第九章　「ポスト・プーチン」の世界秩序

初出一覧

装丁——斉藤よしのぶ

第一部

「偽りの夜明け」に警鐘を鳴らして
――二〇二〇年代

第一章

トランプ時代の日米関係
——その危うさ

「前のめり」外交のリスク

二〇一七年二月十日、ワシントンでドナルド・トランプ大統領の就任後、初となる日米首脳会談が開かれました。

トランプ氏が保有する別荘「マール・ア・ラーゴ」での夕食会やゴルフコースを一緒に回るなど、今回の一連の会談により、安倍晋三氏とトランプ氏が個人的に緊密な関係を築いたことは間違いないでしょう。そうした個人的関係を築くことが目的なら、この訪米はたしかに成功でした。

しかし外交関係において、首脳同士のもっぱら個人的関係が国家間で有益に働いたケースは近代の歴史上、ほとんど皆無といってよい。それは安倍首相自身、十数回も会談を重ね、個人的に緊密な関係を築いていたはずのプーチン氏とのあいだで行なわれた二〇一六年十二月の山口県での日ロ交渉の挫折を考えてみれば明らかでしょう。

トランプ氏に接近したことは将来、安倍氏にとって負債となる可能性もあります。とりわけ昨年（二〇一六年）の大統領選挙中の言動を見れば、トランプ氏もいずれ、プーチン氏とは違った意味ですが「民主主義への脅威」という評価を受けるでしょう。

日米間でもかつて「日米蜜月」と持《も》て囃《はや》された中曾根康弘首相とレーガン大統領の〝ロン・ヤス関係〟も、悪名高き「日米半導体協定」やバブルを招き寄せた「プラザ合意」をもたらし後世に大きな禍根を残したし、小泉純一郎首相とブッシュ（息子）大統領の親密さも、結果として国家としての日本外交の主体性を制限し、さらには個人的関係が親しいがゆえに、アメリカの中東政策にとって致命的に「誤った一歩（faux pas）」となったイラク戦争を踏みとどまらせるための助言を躊躇《ためら》わせました。

その結果、アメリカを過度の中東介入に向かわせ、アジアにおける中国の膨張政策を放置することによって、日本を含む東アジアを中国の脅威に晒すことになったのです。

双方の客観的な「国益の構造」こそが、外交の成否を決するものなのです。逆に、個人的な信頼関係だけに重きを置いた外交はしばしば足をすくわれる。世界の外交史はそのことを証明する事例に満ちています。これは、もうほとんど歴史的真理といってよいでしょう。

トランプ氏はタフでハードな交渉者を自負している人です。二〇一七年の日米首脳会談の評価、とくにその経済面も含めた評価ということになると、「すべては今後の成り行き次第」ということになります。

たしかに日米の二国間関係だけを見れば、ゴルフ場でハイタッチをする安倍・トランプ両氏の姿は「大きな成果」に映りました。しかし、国際政治上の多国間関係を考えたとき、「悪役」のイメージがすっかり板についたトランプ氏との親密ぶりは、いずれ将来の安倍氏の評価や日本の国際的イメージに傷をつけかねないものでした。

たしかに任侠《にんきょう》の世界ではないですが、苦しいときに最初に懐《ふところ》に飛び込んだ助っ人は頭目に仁義を認められ、以後、目を掛けられて重用されるかもしれない。しかし、よくいってもその助太刀には「悪評の人物と親密だった」という社会的なリスクが付いて回ることを考えなければなりません。

そもそも「ドライなディール（取引）」だけを身上とするトランプ氏が、今後も個人関係を重視する外交をしてくれることは期待し難い。むしろ「高い買い物」をさせられる結果にもなりえます。

ましていま、国際社会のなかで安倍外交が前面に掲げている看板は自由や人権、民主主義、法の支配などの普遍的価値です。

すでにこれらの価値観にとって脅威となっているロシアのプーチン大統領を日本に招いて日ロ首脳会談をしたばかりなのに、トランプ氏という、いまやこの点で民主主義世界の強い疑念を招いているもう一人の人物との通常の域を越えた個人関係を世界に見せつける。そのことで日本外交の看板の信用に関わる、とくに相手の価値観を無視して深入りをした「前のめり」外交のそしりは、周到に避けるべきでした。

たしかに、トランプ大統領の就任後、ＥＵ離脱を決めて欧州で孤立するイギリスのメイ首相は安倍氏に次いでいち早くワシントンに赴《おもむ》きましたが、その彼女でさえ、共同記者会見では明確にトランプ氏とは価値観を共有しないことを明らかにして釘を刺すことを忘れませんでした。もちろん、彼女には別荘に泊まってゴルフをするという選択などありえなかった。

トランプ氏の「落とし前」ははたしてどうなるか。やっぱり「すべては今後」ということでしょう。

「安保条約適用」の報道に喜ぶ日本人は軽薄

安倍首相とトランプ大統領の個人的な絆の強化の是非は別にして、二〇一七年の日米首脳会談を政策的に分析するうえで、重要なポイントは次の二つでしょう。

一つ目は、尖閣諸島で有事が発生した際の日米安全保障条約第五条の適用について、日米間の公式文書として初めて確認されたことです。

二つ目は、まさにこの日米首脳会談の直前、二〇一七年二月九日に行なわれた「トランプ大統領と習近平主席の電話会談」の位置付けです。

　まず一つ目の「尖閣に安保適用の確認」についてですが、私が何より驚いたことは、『日本経済新聞』や『読売新聞』『産経新聞』『朝日新聞』『毎日新聞』など日本の全国紙が挙げてこのことをあたかも〝一大慶事〟とばかりに大々的に報じ、「無条件でアメリカが守ってくれる」といった安心感に大きく胸を撫《な》で下ろしている論調でまったく横並びだったことです。

　この様子を、中国をはじめとする第三国や国際社会はどう見たでしょうか。

　何より、日本は安保条約に基づくアメリカによる防衛の約束を「そこまで疑っていたのか」という思いをあらためて認識させることになったはずです。つまり「日米のあいだは思っていたよりも〝疑心暗鬼〟の有り様かもしれない」ということになる。

　たしかに「尖閣防衛義務の確認」は日本の安全保障にとってプラスの出来事でしょう。しかし、中国を含めて世界各国がわれわれ日本人の顔色をじっと注視しているときに、安易な喜びや安堵の感情をナイーブに包み隠さず、メディアが鳴り物入りで表すような真似は慎むべきでした。むしろ尖閣への安保条約適用など「当たり前のことでしょう」と、ここぞとばかりにポーカーフェイスを保つのが、隙を見せないしたたかな、つまり普通の国の対応というものです。

さらに、いわば当たり前の、たんなる「尖閣への安保適用」の文言をアメリカによる「尖閣防衛義務の確認」と受け止めて小躍《こおど》りした日本の反応がとりわけ危険だったのは、「日本には尖閣諸島を自力で防衛する意思すらないのか」ということを中国にあらためて見せてしまったことです。これは恐ろしい結果を招きかねない。

いや、それどころではありません。日本人がそういう心理でいるのなら、もしかすると尖閣諸島を防衛する意思がないのは日本だけでなく、じつはアメリカも同じかもしれない、と考えるのが普通の人間の発想でしょう。

「アメリカは日本の後方に立っている」

また、まさに日米首脳会談が開催されている最中の出来事として、二〇一七年二月十二日（日本時間）に北朝鮮が日本海に向けて弾道ミサイルを発射しました。

この事態を受けて、安倍首相はフロリダ州パームビーチでの夕食会後、トランプ大統領と共に臨時の共同記者会見を行ないました。その際、安倍首相は演壇に立つと、次のように述べました。

「先ほど大統領は、米国はつねに一〇〇%日本と共にある、と明言した。その意思を示すため、彼はいま、私の隣に立っている」

次いで安倍氏の後方からトランプ氏が演壇に進み、このように述べました。

「米国はつねに偉大な同盟国・日本と一〇〇％共にある」（と日本のメディアは報じた）

右の発言を、日本のメディアは尖閣諸島における安保条約適用の確認と同じく、北のミサイルの脅威に対しアメリカが日本を守る意思、日米が共同歩調を取る姿勢が示されたものとして報じました。

しかし私は、トランプ氏の話を英語で聞きながら、即座に「この表現はちょっと変だな」と強く感じました。トランプ大統領のこの発言を英語で書き起こすと、次のとおりになります。

「米国はつねに、偉大な同盟国・日本の後ろに立っている」

(The United States of America stands behind Japan,its great ally,100%.)

日本人の希望的解釈を捨象して、この文面を虚心坦懐に読めば、どう見ても「アメリカは日本の後方に立っている（だけ）」で「あくまで前面で（北朝鮮や中国と）戦うのは日本なのだ」という意味にしか取れないのです。

もちろんそれでも、この表現で十分平時の抑止力にはなるでしょう。しかし、いったん抑止が破綻して実戦に突入する瞬間になると、国家の行動はガラリと変わるものです。

有事になるとアメリカは日本防衛の義務から逃げる、とは思いませんが、日米同盟の本質は主として抑止のための同盟だということを片時も忘れるべきではないでしょう。

それゆえ有事がこれほど近づいている今日、トランプ氏には「日本と並んで」、つまり behind ではなく、side by side あるいは shoulder to shoulder くらいはいってほしかった。

トランプ氏の気のない、そして意外なほど言葉少なく、そっけない当時の対応が気になった日本人は多かったのではないでしょうか。

このことは、尖閣をめぐる共同声明の表現にもいえるかもしれません。つまり平時の抑止力としてはあれで十分かもしれないが、仮に尖閣で有事が発生した際、アメリカが行なうのは「二次的な」支援だ、ということを日本人は知っておく必要がある、ということです。

ほかならぬ日米安全保障条約の第五条には、アメリカが日本を守るのはわが国の施政下にある領域に対する武力攻撃が発生した場合には、日米両国が「自国の憲法上の規定及び手続に従って共通の危険に対処する」すなわち、共同して日本防衛に当たる、と記されています。

つまり、安保条約第五条の適用には二つの重要なポイントをクリアしなければならない、ということです。一つはアメリカの憲法上の規定と手続き、つまり米国内政治と世論の支持があること。そして二つ目はもっと重要で、アメリカが日本の防衛に参加するのは、その地域が「日本の施政下にある（under Japanese administrative control）」という条件付きであるということ。この大前提を、アメリカの歴代政権が変えたことはただの一度もありません（今度もトランプ大統領はまったく同じ表現をしました）。

さらに、ここでいう日本の施政権とは、端的にいって「実効支配」のことです。尖閣諸島を例に取れば、日本が尖閣諸島を実効支配しているかぎりにおいて、日米安保条約の第五条は適用されるということです。

それは逆にいうと、中国に尖閣諸島の実効支配が移った時点でアメリカは助けに行かないし、行く義務はありませんよ、ということになります。

では客観的に見て現在、尖閣諸島を実効支配している国は日中どちらなのか。

たしかに現在、日本の海上保安庁の巡視船が四六時中、尖閣諸島沖に貼りついて監視していることの意味は大きい。しかし他方で、中国の公船も月に数日、多ければ十日以上、日本の領海および接続水域に侵入しています。

さらに中国は公船に加え、多くの漁船をこの海域へ送り込んで日常的に操業させています。他方、日本の漁船はいまや日本政府の「命令」で尖閣周辺には一隻も近づけなくなっています。

また、中国の大漁船団のなかに紛れ込んだ武装漁民がもしある日、大挙して尖閣諸島に上陸してしまったら、沖縄県警が押《お》っ取り刀で駆け付けて「退去してください」と訴えても無力でしょう。

島中に五星紅旗を掲げてテントやプレハブのハウスで暮らす武装漁民を強制排除するためにまず沖縄県警・機動隊が出動するが、相手は当然、最低でも自動小銃程度の装備は持っている。するともはや警察の手に負えず、一瞬にして「自衛隊マター」となります。しかし「防衛出動の手続きは……」あるいは「米軍はどう出るか」等々、東京で、あるいはワシントンで議論が始まるでしょう。

そうこうしているうちに三日が過ぎ、一週間が過ぎ、その段階で中国外務省は記者会見を開き、「中国が領有権をもつ釣魚島の施政権はいまや中国が掌握した」と発表する。尖閣諸島に五星紅旗がはためく映像をＣＣＴＶ（中国中央電視台）の衛星放送で連日、世界に流すとともに、常任理事国として国連安保理事会に尖閣諸島の施政権（実効支配）の移行の認定を求める演説を国連安全保障理事会もしくは国連総会で行なう。場合によっては日本を常設仲裁裁判所に提訴するかもしれない。

日本の領土を守る術は「自力救済」しかない

そもそもアメリカはなぜ、尖閣諸島に対する日本の施政権だけでなく領有権を認めようとしないのか。

一九七二年の「沖縄返還」で尖閣諸島も日本に返還したのは「尖閣も日本領土」と認定していたからです。なのになぜいま、そういわないのか。「アメリカはやっぱり、中国と戦うのは嫌なのか」とどうしても考えてしまう中国人や第三国のリーダーもいるでしょう。ならば「安保条約適用」の報道に喜ぶ日本人は軽薄に過ぎる、というべきです。

もし万が一、右のようになれば、もはや尖閣諸島をめぐる紛争は安保条約の領域ではなく、国際法で解決するしかありません。

こうして〝平和裏に〟中国による「尖閣の竹島化」が始まるのです。

結局、「竹島化」を防ぐにはその場合、日本の自衛隊が間髪入れず独力で出動して尖閣に敵前上陸作戦を行なうしかありません。このことをわれわれは肝に銘じておくべきです。

要するに、トランプ大統領の言葉をいかに好意的に解釈しようと結局、今日、尖閣諸島をはじめ日本の領土を守る術はつねに「自力救済」しかない。このことを身に染みて知っておくべきなのです。

冷戦が終わって久しいといわれる今日、自国の領土を守るのは自国の軍隊のみ、という冷厳な真実がますますわれわれの身に迫ってきています。少なくいっても、日米安保は平時の抑止にはとても有効ですが、それ以上の事態になると「核の傘」以上の役割を期待することがはたしてできるのか。日本はこのことをつねに自問しておく必要があるでしょう。

トランプの対中強硬は本物か

さらに二つ目の、二〇一七年の日米首脳会談の本質に関わる出来事として、二月九日の夜、安倍首相がワシントンに向けて機上の人となったまさにそのとき、習近平主席とトランプ大統領が電話会談を行なっていたという事実です。

トランプ大統領は、「最も重要な同盟国の一つ」である日本の首相と会う直前に、日本の最大のライバルである中国の首脳と裏で通話していた。おまけにホワイトハウスの公式発表を見ると「電話での両首脳の会話は長時間にわたり、とても真心のこもったものだった」と堂々と記されていた。何という非礼でしょうか。この時点で安倍首相は、すでに手痛い「平手打ち」を食らっていたわけです。

「対中包囲網づくり」という二〇一七年の安倍訪米の隠れた目的はアメリカ到着の直前、早くもミスファイア（不発）に終わっていたといえるかもしれません。日本の大メディアはどうして、このことを取り上げようとしないのでしょうか。

何よりもトランプ・習近平の電話会談が日本人に衝撃を与えたのは、トランプ大統領が習主席の主張を受け入れるかたちで、中国本土と台湾は不可分かつ一体とする、いわゆる「一つの中国」原則を堅持する、と言明したことです。トランプ氏は見事に前言を翻したわけです。「一八〇度の豹変《ひょうへん》」と評した評論家もいました。

トランプ氏は大統領就任前の二〇一六年十二月二日、台湾の蔡英文総統と電話会談を行なっています。そして、ニクソン政権下の一九七二年以来、アメリカが支持してきた「一つの中国」という、アメリカの東アジア外交の大原則とされてきた基本政策をトランプ氏はあえて見直す可能性に言及し、世界を驚かせました。

トランプ大統領はテレビに出演して「なぜアメリカが『一つの中国』原則に縛られなければならないのか」とさえ語っていた。そしてまさにその舌の根も乾かぬうちに、この豹変ぶりだったのです。アメリカ大統領としてたいへん危ういリーダーだといわねばなりません。

ただ考えてみれば、「アメリカの対中政策には豹変が付きもの」というのは、二十世紀アメリカ外交史のいわば常識なのかもしれません。日本はつねにそれによって、繰り返し国運を揺るがされるような衝撃を受けてきました。この「日本のナイーブさ」から、われわれはいつになったら卒業できるのか。暗澹《あんたん》たる思いを抱かざるをえません。アメリカが対中強硬になることは、習近平時代の中国の危うさを考えれば、日本としては歓迎すべきことです。ただニクソン訪中に限らず、もっと長い米中関係の歴史が教えるのは、日本はそれをつねに「二枚腰」で見ておく必要がある、ということです。

ただ、さすがにこの時点で、日本のメディアや有識者のなかでも比較的鋭敏な人びとは、とりあえずトランプ政権が中国と裏で取引（ディール）を行ない、表で「下りた」ことと、つまり中国に対する安保面でのトランプ大統領の対中強硬姿勢は、しょせん裏つまり経済での対米譲歩を迫る取引上のポーズにすぎないことに気付いたのではないでしょうか。

オバマ政権とは違って、大統領を除くトランプ政権の中枢には、アメリカは習近平の中国と正面から対峙《たいじ》し、日本と共に肩を並べて戦ってくれる、という期待をもたせる良識派の政策通の声も聞こえてきますが、これもやはり今後を見ていかなければなりません。

海洋国家から大陸国家へのパワーシフト

米中関係の底流には、一帯一路や南シナ海問題など徐々に構造的対立への抗し難い動きが見られます。ただしトランプ大統領自身は、中国をたんなる貿易上の競争相手としか見ていないようですが、ワシントンの政策コミュニティや議会では、米中対立への歴史的な潮流がはっきりと見られます。そのなかで、日米関係はどう推移していくのか。この点をしっかりと見る必要があります。

いま地球上で起きている、より大きな流れは、湾岸戦争（一九九一年）以来続いた「アメリカの一極覇権」時代の終わりです。そのなかで、米中の対立が勢いを増しているわけです。さらに、この流れをマクロ・ヒストリーの視野から数十年単位で見ると、その背後にある、より大きな地政学的な変化として「海洋国家から大陸国家へのパワーシフト」が浮上してきます。

アメリカとは、端的にいって「島」のことです。その「島国アメリカ」は第二次世界大戦を通じて、かつて「七つの海」を支配した大英帝国を蹴散《けち》らして世界の海の覇者にのし上がった。とりわけアメリカは太平洋・大西洋の両洋支配を手中にすることによって、世界に冠たる海洋国家としての覇権を握ることができました。

ところが、二十一世紀の初めまで世界史的な趨勢だったアメリカや日本、西ヨーロッパなど海洋国家勢力の優位に対し、いまユーラシア大陸上でつながる中国、インド、ロシア、中東・中央アジア諸国そしてドイツなどの欧州大陸勢が、経済・資源＝情報＝軍事の総合的な次元でいわゆる「内線の優位」を生かして、長期的な勢いを増しています。

そして、海洋国家から大陸国家に世界史の基軸が移ると、必然的に支配的な海洋国家による一国覇権のシステムは衰え、代わって多極的並存の秩序システムがより普遍的な世界秩序のモードになっていく。

この過程はおそらく二十一世紀半ばまで続く長い過渡期を経るのでしょうが、それが今日、進行し始めたことは明らかです（こうした地政学上の交互に起こる「シーパワーとランドパワー」をめぐるパラダイム転換のパターンについては、たとえばC.Dale Walton, *Geopolitics and the Great Powers in the 21st Century : Multipolarity and the Revolution in Strategic Perspective*, London, Routledge, 2007. を参照）。

そしていま、この「海洋国家から大陸国家へのパワーシフト」の象徴が、南シナ海なのです。

問題は台湾が重なること

かつて冷戦時代、ソ連とアメリカにとって最も重要な海はオホーツク海でした。その理由は、アメリカの「エネミー・ナンバーワン（主敵）」のソ連が戦略ミサイル潜水艦を潜航させ、海からアメリカ本土を直撃し、アメリカという国を全面的に破壊することのできる戦略核ミサイルの発射海域であったからです。

こうしたオホーツク海の存在は、ソ連とアメリカが互いに抑止力を行使して世界の平和と秩序を保った、いわゆる米ソによる「冷戦構造の安定」をもたらしていました。

いま中国は南シナ海を、かつてのソ連にとってのオホーツク海のような、究極の「対米抑止力」の支えとなる海にしようとし、「そうはさせじ」とするアメリカとのあいだで覇権主義的なせめぎ合いを演じているのです。

それゆえ中国は何があっても南シナ海の軍事化を進め、対米核戦力の聖域にするため、ASEAN諸国の反対やアメリカの介入に屈服するわけにはいかないのです。つまり中国にとって、南シナ海では懸《か》かっている国益の切実さが段違いに大きいので、じつはこの問題だけで米中が激突することは考えにくい。問題は、この海と接する位置に台湾があることなのです。この二つが重なるからこそ、米中戦争の可能性はきわめて大きくなるのです。

他方、欧州方面では、ぜひともアメリカを抑止したいロシアとしては、南シナ海での米中対立では必ず中国を支持する必然性があります。

しかも現在、南シナ海をめぐる情勢はすでにこうした変化の兆しを見せ始めています。オバマ政権は中国による南シナ海における人工島建設など大量の軍事拠点づくりを許してしまい、この時点で、すでに南シナ海における米中の軍事バランスに長期的・構造的な変質を引き起こしているのです。

それはアメリカの〝負け〟、つまりアメリカは戦争なしでこれら中国の軍事拠点を排除できない、ということです。これが台湾問題を考えるときのもう一つの視点です。

南シナ海における構造的劣勢を立て直せるか

この現状を見るにつけ、日本の国益を大切に考える一人の学者として、私は「だからあれほどいったのに!」という言葉を思わず発してしまうのです。

率直にいって日米とも、南シナ海のこうした現状をひっくり返すには、いまからでは

「もう遅すぎる」というのが、私の到達している結論です。

実際、私はこうした事態が生じることを早くから予見し、繰り返し警鐘を鳴らしてきました。たとえば『Ｖｏｉｃｅ』二〇一〇年八月号の論文「人民解放軍が米軍を駆逐する日」で、すでに次のように指摘していました。

「中国は海南島に戦略ミサイル潜水艦の最新設備を備えた基地を建設しており、南シナ海はかつてのソ連のオホーツク海のような『閉ざされた海』になりつつある」

「米中間には、いまや数年前の状況とはまったく違った情勢が現れつつある」

その予見が見事に、そして悲しむべきことに図星に当たってしまったのです。

この、南シナ海におけるアメリカの構造的な劣勢を「トランプのアメリカ」がはたして立て直せるでしょうか。

時を同じくして、中国がユーラシア大陸上の「一帯一路（シルクロード構想）」や「ＡＩＩＢ（アジアインフラ投資銀行）」といった政策というか、スローガンを次々と打ち出し、海洋国家間の分断を図りつつ大陸国家間の結び付きを強めようとし始めています。これはたしかに中国のスローガン外交の常として、実際にはとても杜撰《ずさん》で掛け声倒れに終わり、成功はなかなか覚束《おぼつか》ないものですが、地政学的な長期的戦略論という観点からは恐ろしいほど合理的な戦略だ、といわねばなりません。

長期的に見ると、大陸国家間の紐帯《ちゅうたい》（コネクティビティ）は地理的・地政学的な必然性をもったものであり、端的にいって日米の外交努力によって中ロの現在の結び付きを分断することは、いわれているほど容易なものではありません。

中ロは決して離れず

現代の世界情勢を見る核心的視点として、われわれは次の三つの事をつねに肝に銘じておかなければなりません。

第一に、「米中は決定的な対立には至らない」ということ。たしかに今後、米中はますます激しい対立へと向かい、長年にわたり一大覇権闘争の時代を迎えそうです。その過程で台湾などをめぐり、戦争に至る可能性もあります。ただ、他方で双方のより大きな、そして客観的な国益を考えれば、米中両国はどこかで妥協点を見出し、双方の核戦力やウォール街の政治力、東アジアにおける米軍基地の存在など、さまざまな構造的要因によって支えられている水面下の「米中の相互抑止」による永続対立的、つまり冷戦的世界秩序を見通しうる将来、双方が必死で続けようとするでしょう。

第二のテーマは、「中ロは決して離れない」ということ。安倍政権が二〇一六年十二月の日ロ首脳会談で企図したように、日本が対ロシア接近を試みて「中ロ分断」を図ろうとしても、中ロ両国が共有する対米対抗心の強さもさることながら、中ロの利害関係の一致は先述した「海洋国家から大陸国家への移行」という地政学的な構造変化によっても強い追い風を受けているから、日米などの小手先の外交努力で覆せるものではないのです。

第三に、「米ロは今後も対立し続ける」。たしかに現在のトランプ政権は一見、親ロ的に映ります。選挙中からのトランプ氏自身やフリン前大統領補佐官（安保担当）の数々の親プーチン・親ロ発言があるからですが、その背景にあるのは、かねて囁《ささや》かれている大統領選挙時のロシアの情報機関によるトランプ陣営へのテコ入れや、トランプ氏が個人的スキャンダルを握られている、という噂もあるでしょう。

また、トランプ政権のレックス・ティラーソン前国務長官はプーチン大統領の「親友」でロシア政府から勲章を受けており、彼がＣＥＯだったエクソン・モービルはロシアの石油天然ガス採掘事業に利権をもつといわれます。

しかしティラーソンという人物、あるいはエクソン・モービルという会社ははたして、そんなに柔《やわ》な存在でしょうか。この両者の背後には、二十世紀を生き抜いて「パックス・アメリカーナ」を体現しているような勢力が控えていることを忘れてはいけません。

その一つとして、たとえばトランプ氏のようなエスタブリッシュメントのアウトサイダーに対して「ティラーソン氏を政権に推したのはいったい誰か」という問いを考えてみるとよいでしょう。

多くのメディアが報じるとおり、彼を推挙した人物は、ニクソン政権以来アメリカ外交において強力に親中路線を推進してきたヘンリー・キッシンジャー元国務長官にほかなりません。

さらにキッシンジャーから直接、薫陶《くんとう》を受けたブレント・スコウクロフト安全保障担当大統領補佐官（ブッシュ父政権）やジェイムズ・ベイカー元国務長官（同）、コンドリーザ・ライス元国務長官（ブッシュ子政権）、ロバート・ゲーツ元国防長官（オバマ政権）といずれもキッシンジャー・スクール直系の弟子筋の系譜が脈々とつながっている。

アメリカの外交エスタブリッシュメントにおいて強力な親中ロビーを形づくる彼らが当時、こぞってティラーソン氏を国務長官に推していたのです。

そもそもシンガポールのリー・クアンユー元首相と生前、早くから親交を深めていたティラーソン氏は親中ではあっても、決して安っぽい「親ロ」ではなかった。この深層の構造をもしプーチン大統領が把握していないとしたら、ロシアはアメリカを軽く見て大きな失敗を犯すことになるでしょう。

「それがどうした」と一蹴されたら、反対にロシア外交の威信は地に落ちるでしょう。要するに、現在の米ロ対立が大筋で変わることはない。事実、辞任した親ロ派のフリン補佐官の後任には、対ロ強硬論者の陸軍中将、マクマスター氏が押し込まれました。

「政権は長きをもって尊しとせず」

こうした世界の激変を前にして、たとえ観察者としては「もう遅い！」としても、一人の日本人としてはあくまでこの国の生存に賭けるしかありません。そこで日本にとっての最優先課題は何かを考えねばならない。いうまでもなくそれは、何を措いても「膨張する中華世界といかに対するか」なのです。

そのために、わが国はまず先進国のなかで唯一、「失われた二十年」のあいだ削減を続けた防衛費の「最低でも二倍増」を行なうことです。それでようやくＧＤＰの二％に近くなり、トランプ時代の「アメリカの同盟国」として最低の義務を果たせることになります。

しかも軍事的に見れば、中国の通常軍事力の日本周辺での展開地域における戦力の二分の一の力を日本が保有した時点で、日本（そして台湾）の中国に対する抑止力は大きく向上するでしょう。

さらにアメリカの「核の傘」と並行して、日本独自のＳＤＩ構想（国家的ミサイル防衛網）を推し進め、中国・北朝鮮の核やミサイルの脅威に対処すべきです。そのためには、可能なかぎり消費税を増税してでも、その配備に邁進《まいしん》する。

これらを並行して行なうとともに、真に「戦後レジームからの脱却」を図るため、何を措いても憲法九条の改正に一刻も早く着手することです。

「九条改正」となれば一度や二度、挫折してもよい。時間を無駄にすることなく、一筋に「九条改正」に邁進すれば必ず成就します。「九条改正」――北方領土問題で二島返還に後退させたように、変に足して二で割る妥協策ではなく、本来の九条改正、少なくとも九条二項の削除――に命を懸ける。仮にそこで挫折しても、それこそがまさに「有終の美を飾る道」ではなかったのではないでしょうか。

「政権は長きをもって尊しとせず」。安倍首相にこの言葉を送り、この先、限られた任期のなかで一身に代えても優先すべき仕事は何かを適切に判断されることを切に望みます。

第二章

中国と日本の百年マラソン

「欧米化」する中国

二〇一七年十月十八日、中国共産党第一九回党大会の初日に、習近平総書記が行なった演説は、あらゆる点から見て歴史を画する、まさに「超弩《ど》級」の内容でした。

三時間二十分にわたる長広舌で国家指導者としての並外れた体力を誇示し、九〇〇〇万人の共産党員、一三億人の人民に対して「建国の父」である毛沢東、中国の大国化を成し遂げた中興の祖・鄧小平と並ぶ、中国現代史の「三大領袖」の一人として自らを明確に位置付けたのです。

実際、この習演説は、たしかにあらゆる点で中華的といってよい「大風呂敷」に満ちており、そのスケールの大きさには驚くばかりでした。ただ、そこにはいくつかの重要な手掛かりも示されています。

たとえば、演説のなかで語られた「新時代の中国の特色ある社会主義」――この新時代、とはいったい何を意味するのか。まず、ここに最初の手掛かりが見出されます。

端的にいえば、習演説で示されたのは「鄧小平時代からの卒業」でした。鄧小平が掲げた四つの現代化（農業、工業、国防、科学技術）とは、毛沢東時代のイデオロギー路線から離れ、常識ある「普通の国」になろうとする中国を世界に印象付ける、という対外戦略です。

ところが、習近平氏がこの演説で語った「現代化強国」となると、その意味合いは大いに異なります。それは、もはや鄧小平が描いた中国現代化の射程をはるかに超えており、中国がいまや世界の先頭を走るプレーヤーとして「欧米化」、つまり世界の覇権をめざし、総合国力においてもアメリカやヨーロッパに追い付き、やがてこれを凌駕《りょうが》しようとという意図を明瞭に示すものです。

ここでいう「欧米化」とは、中国の価値観や社会構造を欧米並みに改革する、ということではありません。日本人とは異なり、そのような意味で中国人は「近代化」「現代化」などという言葉を決して使いません。

それはもっとストレートに、国力のレベルを高めて「脅威」としての欧米勢力に対抗できるようにし、併せて技術や経済、国民生活の水準を上げること、そして自らの独自な価値観を他国にも広げ、アジアのみならず世界に君臨する強国になることを意味しています。

もっと具体的にいえば、習近平氏はこの演説で初めて「二〇三五年」という目標年を掲げましたが、彼はこのころまでに国民一人当たりのＧＤＰでも日米と並ぶ（ないし追い越す）という目標を示したといえます。端的にいって、これが具体的な「現代化強国」への道ということなのです。

もちろん冒頭、述べたように、ここにも中国的な「大風呂敷」の気味がなくはないですが、それでもなお、われわれ日本人はこの「現代化強国・中国」のもつ意味を真剣かつ冷静に受け止めるべきなのです。

脱力化してなかなか「現代化」できない日本が、いまこそ力を振り絞って今後二十年というスパンで長期的な国策を立て直し、二〇三五年の中国を「よきライバル」と見なし、切磋琢磨《せっさたくま》して国力を競い合う絶好のモチベーションを習総書記が与えてくれた、と受け止めるべきでしょう。

王滬寧とセオドア・ルーズベルト

そして、中国現代史に本当の意味で「習近平時代」の到来を物語るのが、党大会最終日に明らかになった新しい政治局常務委員七人の顔ぶれ＝「チャイナ・セブン」の人事でした。

側近中の側近といわれる栗戦書《りつせんしょ》氏の常務委員入りは当然としても、彼が首相の李克強氏に次ぐ政権のナンバー3に入ったことは、まさに「習時代到来」を誇示する人事だといえました。

併せて目を引いたのは、学者の王滬寧《おうこねい》氏が序列五位ながら、最高指導部たる「チャイナ・セブン」のレベルにまで昇格したことです。これには筆者自身、個人的な見地からも驚きを禁じえませんでした。

王滬寧氏は、上海の復旦《ふくたん》大学で国際政治学の教授を務め、江沢民時代から一貫して「政権のブレーン」として知られる学者でした。中国の党人教養層のなかでも国際化された人物であり、思想・イデオロギー、理論の専門家であるとともに、長期戦略の視野に立った話が可能な、つまり中国型の「新世界秩序論」を論じられる貴重な存在なのです。

じつは私は王氏と何度か直接、会って話をしたことがあります。私は約二十年前の一九九七年に『大英帝国衰亡史』（PHP研究所）を著したのですが、そのころまではしばしば訪中し、中国の学者や要人と話し合う機会がたくさんありました。

たしか上海でのそうした機会のうちの一つの会合でしたが、私が口にした「帝国の興隆と衰退」に関する話をのめり込むようにして聞いていたのが、この王滬寧氏でした。

とくに彼の興味を引いたのは、英米両帝国の海洋進出の歴史です。大英帝国の世界覇権や、そのあとを継承した「パックス・アメリカーナ（アメリカによる平和）」の覇権がユーラシア大陸を包囲するように広がっていった歴史や、最新技術を駆使した海軍力の建設による海洋支配を通じて英米が世界の覇権国にのし上がった過程、次いで十九世紀から興隆してくるドイツ帝国とその地政学の伝統である「陸と海」の二元論が、二十世紀初めに英米へ輸入され、マッキンダーやスパイクマンらの「アングロサクソン地政学」につながっていく経緯について、王氏を含む何人かの国際政治学者を相手に詳しく語った記憶があります。

この種の議論は当時、西側の国際政治学の世界では比較的よく知られたものでした。だから私はアルフレッド・セイヤー・マハンのシーパワー理論も含めて、一般的な学問潮流を念頭に置いて話をしていたのですが、いまや中国最高の政治的知性と目される王氏も、当時はこうした欧米の議論にはあまり通じていませんでした。

それでも彼が強い関心を示したのは、中国の長期的な国家戦略の向かうべき方向としての海洋支配やグローバルな覇権の掌握も念頭に置いていたためだと思われます。

おそらく王氏が当時から、何らかの意図をもってグローバル・スケールの海洋進出を支える理論を求めていたことは明らかです。

ここで歴史的符合として想起するのは、十九世紀末から二十世紀初頭にかけての興隆期のアメリカです。のちに大統領となるセオドア・ルーズベルトはロンドンに赴《おもむ》き、イギリスの海軍関係者や歴史家・戦史家と積極的に交流してあちこちでこうしたテーマについて議論し、旺盛な情報収集を行なっていました。

当時はニューヨーク州知事にすぎなかったアメリカ人のセオドア・ルーズベルトが、大英帝国によるトラファルガーの海戦の詳細な戦史や、「インドへの道」を確保する国家戦略の形成といったテーマになぜ強い関心を抱くのか、当時イギリスの専門家たちが、ルーズベルトらアメリカのエリートの意図を訝《いぶか》ったのも当然です。

後年から見れば、このセオドア・ルーズベルトの「熱意あふれる」好奇心を通して当時のアメリカ国家が見せたのは、「坂の上の雲」を追う覇権的な国家的野心です。

百年前のアメリカで次代の国家リーダーと目された人物と、現在の中国でトップ7の一員となった国家戦略の理論家が、同じくかつての覇権国イギリスの興隆史を熱心に学ぼうとする姿は、何を意味するか。

そこに私は、いまの中国と百年前の「新興国アメリカ」とのあいだに、明瞭に二重写しの印象を受けました。そしてここから、われわれ日本人は今後に関する多くの示唆も得られるのです。

世界の頂点に立つための中国の長期戦略

王滬寧氏をめぐる右のエピソードは、あくまでも学者としての私の個人的体験にすぎません。より重要なことは当時、王氏の頭にあった長期発展のビジョンと「百年マラソン」と呼ばれる中国の長期の国家戦略との符合です。

前述したように、二〇一七年の党大会で、習氏は二〇三五年までに「習近平時代の中国の特色ある社会主義の現代化」を達成する、と宣言しました。また、中華人民共和国の建国から百年にあたる二〇四九年には「社会主義現代化強国」になる、と語りました。これは具体的にどういうことなのか。

まず、このロードマップは、アメリカで長く対中政策に携わったマイケル・ピルズベリー氏の著書『Ｃｈｉｎａ ２０４９――秘密裏に遂行される「世界覇権１００年戦略」』（日経ＢＰ社、二〇一五年）の記述と完全に平仄《ひょうそく》が合います。

同書では二〇四九年までに、中国がアメリカに代わって世界の軍事、政治、経済の頂点の地位に立つ、という長期戦略を中国が密かに追求していることが記されています。

さらに、そもそも今回なぜ王滬寧氏が習近平総書記によってこれほどの地位にまで引き上げられたのか、また「二期十年まで」という中国共産党トップの任期をめぐるルールを反故《ほご》にするような異例のチャイナ・セブン人事を行なったのか。

その疑問を説明する鍵が、毛沢東以来の中国のこの「二〇四九年戦略」の存在と、今後の対米戦略とりわけ米国を意識した王氏の覇権理論のなかに隠されています。

太平洋G2論の脅威

さらに、習近平総書記は二〇一七年十一月九日のトランプ大統領との米中首脳会談でアジア太平洋地域での米中協力について語り、会談後の共同会見でも、重ねて「太平洋は十分に広く、中米両国を受け入れられる」と念を押しました。

これは「今後は、米中二国の軍事力と経済力でアジア太平洋の安定と繁栄を築いていくべきだ」というメッセージの確認にほかなりません。

ここでわが日本にとってきわめて重要なことは、次の一点です。すなわち中国が「世界の覇権大国」になるかどうかは、日本の命運にとっていまさら論じるべき重大な問題ではなく、事態はより切迫しているということです。

習近平総書記の描く「G2」論は、「米中が世界を二分する」という意味ではありません。それはわれわれが生きるこのアジア太平洋地域において、日付変更線を挟んで「西太平洋の地域覇権国は中国、東太平洋の地域覇権国はグローバルな覇権者でもあるアメリカ」とすること、すなわち「太平洋Ｇ２論」なのです。

それにアメリカが応じる可能性が皆無ではないことを、習氏は共同会見においてトランプ米大統領の面前で繰り返したこと、そしてトランプ大統領がそれを明確に否定しなかったことは、誰も否定しようのない事実なのです。トランプ氏の民主主義国の指導者《リーダー》としての危うさの一端がここにもあります。そのトランプ氏と「気脈を通じている」といわれる安倍首相の外交も問題だというべきでしょう。

少なくとも、右のようなことになれば、それは日本にとってまさに悪夢のシナリオであり、なおかつこの太平洋での米中Ｇ２が実現するとしたら、その時期は先述の「百年マラソン」における二〇四九年よりも手前となるでしょう。

ここで、二〇三五年という習氏が口にした「目標年」がどう関わってくるのか。日本としては大いに気掛かりです。

「もはや遅すぎる」日本の核保有論

たしかに、こうした観測はいまの日本人にとって決して耳にしたくない、たいへん悲観的なものであるかもしれません。また、中国が潜在的に抱える経済の危機、人口・社会構造の崩壊リスクを考えれば、習近平氏のビジョンは無謀な「大風呂敷」を広げたにすぎない、という見方もありうるでしょう。

しかし、われわれ日本人が安易な「中国崩壊論」に頼るような心理に傾いた瞬間、われわれは中国の強国化の歩みから目を背けることになり、同時にそれに備えるべく日本の国力を高める努力を放棄することにつながってきました。このことをいまこそ、日本の識者は胆《きも》に銘じるときなのです。

その意味で中国の「自滅シナリオ」への期待は、たとえたんなる希望的観測ではないとしても、日本の長期的なサバイバルにとって何一つ有益なものではありません。大切なことは、自国にとって「最悪のシナリオ」をつねに考えながら、いち早く国際情勢の変化の兆候を見つけて、そのうえでじっくりと腰を据《す》えて方策を考え、行動することなのです。この「素早く見つけ、時間をかけて行動すること」は、伝統的なイギリス外交の知恵でもあります。

しかし日本外交は、つねに官民こぞってこの逆を行なってきました。平時においては高《たか》を括《くく》り、変化の兆候の発見はつねに遅きに失し、結局「突如として」起きたと見える変化に対して慌てふためき、性急に行動する。目下、日本中が文字どおり慌てふためいて右往左往を繰り返している北朝鮮の核・ミサイル危機への対応はまさにその典型です。

北朝鮮が第一回の核実験に踏み切ったのは二〇〇六年でしたが、その半年前、私は『日本核武装の論点』（共著、ＰＨＰ研究所）を世に問いました。そのなかで、ＮＡＴＯ（北大西洋条約機構）型の「核保有」について論じましたが、左派だけでなく、多くの親米保守派の人びとからも強く批判されたのを覚えています。

そして同年秋における北の初の核実験のあと、自民党の中川昭一氏が「核武装の議論は必要だ」と口にしただけで、日本のメディアでは保守派も含みこぞって批判し、アメリカはブッシュ（息子）米大統領の命を受けたライス国務長官が急遽《きゅうきょ》来日し、日本における核武装論を瞬時に封じ込めました。

ライス氏のメッセージは、日本人に対して「そんな危険な議論はするな」というものでした。いったい誰にとっての危険だったのかといえば、むろん中国にとってです。

しかし、あのときから日本人が「朝鮮半島の非核化の終わり」という大潮流を素早く見つけ、時間をかけて慎重かつ戦略的に行動していたらその後、日本に十年の準備期間が与えられていたはずなのです。

ようやくいま、日本の核保有を訴える声を日本の方々で聞くにつけ、「だから、あれほどいったのに」「もはや遅すぎる」と私が感じるゆえんです。

「米中戦争は起こらない」

現在、アメリカの国際政治やアジア問題の専門家のあいだでは、「米中戦争の有無」が大きなテーマになっています。たとえばリチャード・ローズクランス、スティーブン・ミラー編 *The Next Great War?: The Roots of World War I and the Risk of U.S.-China Conflict*, Cambridge, Mass., MIT Press, 2014.（未邦訳）は、英独戦争としての第一次世界大戦勃発への道とパラレルに「次の世界大戦はあるか」という視点から米中戦争の可能性を論じています。

しかし、さらに注目すべきなのは、ハーバード大学のグレアム・アリソン教授の議論です。

彼は同校に看板学部のケネディスクールを創設した、いわば「ハーバードの主《ぬし》」ともいえる存在でした。キューバ危機をテーマにした著書『決定の本質』（共著、邦訳：日経BP社）で一躍、世界の脚光を浴びたアリソン氏が、二〇一七年に満を持して世に問うたのが『米中戦争前夜』（邦訳：ダイヤモンド社）です。

原題の『Destined for War:Can America and China Escape Thucydides's Trap?』(運命づけられた戦争：米中はトゥキディデスの罠を避けられるか?)が示すように、本書の肝はアメリカと中国が「宿命づけられた戦争」を回避できるか、という点にあります。

副題にある「トゥキディデスの罠」とは、古代ギリシャの有名な歴史家トゥキディデスの名著『ペロポネソス戦争史』(邦訳ではたんに『戦史』、岩波文庫)に因《ちな》んだ言葉です。膨張する新興国アテネの脅威が、旧来の覇権国スパルタをペロポネソス戦争に踏み切らせたように、従来の覇権国と興隆する新興国が角逐《かくちく》すると、最終的には必ず大戦争に至るという説が、国際政治史家のあいだには昔からあります。

近いところでは二十世紀初め、新興国のドイツがそれまでの覇権国だったイギリスに挑戦した結果、第一次大戦に至ったといわれます。

では二十一世紀の今日、アメリカと中国はどうなのか。

著者グレアム・アリソンという人物は、たんなる学者ではありません。第一次クリントン政権の国防次官補や、核戦略を中心に数十年にわたって国防総省のアドバイザーなど繰り返し米政府の政策担当者を務めた、いわゆる「回転ドア」タイプの実務家でもある。

そのアリソン氏が本書で出した結論は、何があっても米中戦争は避けねばならないし、また避けられる、というものであり、そのためには何が必要か、ということで数々の提言を行なっています。アリソン氏いわく、中国はいますぐ世界覇権をアメリカと争おうとしているのではない、当面は「アジアの覇権」が中国の求める目標である、というのです。

そこでアリソン氏の対中政策論は、「そうであればアメリカはその中国の目標とは十分、共存できる」というものです。それはかつて第二次大戦中に、戦後のアメリカの世界戦略として、フランクリン・ルーズベルト大統領が「アジアは蔣介石に任せる」と語ったような戦後のアジア戦略構想と根本的に同じです。

さらにアリソン氏の議論は、かつて大英帝国に対しアメリカが行なった「覇権国への挑戦」を、いま中国が行なっているにすぎないとしたら、同じ道を通ってきたアメリカは中国の言い分にも耳を傾け、取り引きに応じる必要がある、という議論へと向かいます。

つまりアメリカは、かつてイギリスが新興のアメリカに対して行なったように、徐々に譲るべきは譲り、米中共同で世界全体のガバナンス分担を考えるべきだ――アリソン氏の議論は仮に明言はせずとも、そう語っていることは明らかなのです。「太平洋Ｇ２論」ですら甚大な影響を受ける日本として、これは到底許容しえない議論です。

“日本封じ込め”をめざす米中合意

この恐るべき「二十一世紀の米中接近」の可能性を前にして、日本人が想起すべき出来事があります。一九七一年七月、キッシンジャーと周恩来のあいだで行なわれた極秘会談です。

米中国交正常化を話し合うなかで、両者はアジアの将来の戦略的安定について重要な合意を行ないました。それは、端的にいって「日本の封じ込め」についてでした（詳細は『周恩来・キッシンジャー機密会談録』岩波書店刊を参照）。

キッシンジャー・周恩来会談での重要な論点は二つあります。一つ目は東アジアにおける米の核配備をめぐる合意（詳細を記す文書は現在のところ未公開）であり、そして二つ目は「日本を朝鮮半島の安全保障にいっさい関わらせない」という明確に“日本封じ込め”をめざす米中合意です。そして、この合意は翌年のニクソン訪中によって正式のものになりました。

当時のアメリカと中国の共通認識は、もし日本が韓国の安全保障に関与することになると、東アジアの秩序を根底から揺るがすことになるので、米中は一致して反対し、これを決して許さないでおこう、というものでした。

そしていま、同じ構図が「北朝鮮処理」をめぐってトランプ・習近平のあいだで再確認されようとしています。キッシンジャー氏がアジアを周恩来の中国に委ねたように、もしトランプ氏が〝共同経営者〟としての立場から「朝鮮半島はG2のパートナーとして習近平氏の中国に任せる」との立場を取るなら、「日米韓の連携」という、北朝鮮危機をめぐる日本外交の基本路線はもろくも崩れ去ります。

中韓のあいだでなされた「手打ち」

ブッシュ（父と子）政権からクリントン、オバマまでの米政権は端的にいって「日本を取るか、中国を取るか」という選択を迫られてきました。言い換えれば、「米中関係」という極東アジアをめぐる国際政治上の戦略構造がアジア情勢のカギを握る、ということが、一九七〇年代から現在まで微動だにしていない、ということです。

変化したことといえば、今後、中国が「アジアの盟主」となることをアメリカが黙認すべきというキッシンジャーやアリソンの議論が、中国脅威論と並行してアメリカで有力となり始め、加えて新たに核保有国となった北朝鮮の核武装レベルだけが着々と上がりつづけているということです。

この恐るべき構図に、日本はいったいどう対処すればよいのか。

北朝鮮危機の行方に関していえば、二〇一七年十月三十一日の中韓合意が最大のターニングポイントでした。トランプ大統領の訪韓時、日本の世論は韓国政府主催の晩餐会に出された、いわゆる「独島エビ」や元慰安婦の登場に対して憤りの声を上げました。

しかし、じつはこの場面も十月末の中韓合意の時点ですでにセットされていた、と見るべきです。米軍のＴＨＡＡＤ（終末高高度防衛ミサイル）配備に反発して対中輸出を大幅に制限し、中国人観光客の韓国行きを止め、韓国に各種の「経済制裁」を加えていた中国が、あっさり拳を下ろして韓国との正常化を認めました。

今般のトランプ大統領の北京訪問のタイミングに合わせて、中韓のあいだで「手打ち」がなされたわけですが、そこには「三つのＮＯ」と称される韓国の中国への「誓約」が課されており、米紙『ウォール・ストリート・ジャーナル』（二〇一七年十一月七日付）によれば、この合意こそ韓国がついに中国の圧力に屈したことを意味するとのことです。

そして北朝鮮危機で重大なことは、このような状態になった半島ではアメリカはすでに行動の自由を失いつつあり、トランプ政権の対北軍事オプションにも大きく影響せざるをえない、ということです。トランプ大統領の対北朝鮮政策は転機を迎えているのです。

「アメリカなきアジア」において

　私は、かつて「対馬海峡が三八度線になる日」（『Ｖｏｉｃｅ』二〇〇三年三月号）および「人民解放軍が米軍を駆逐する日」（同二〇一〇年八月号）と題する、極東アジアの戦略的趨勢《すうせい》を予測した論考を発表したことがあります。その際には、各方面から多くの批判も受けましたが、今日顧《かえり》みて決して間違ってはいなかったことに自負心を感じつつ、日本の読者に「早く見つけて徹底的に議論する」ことの大切さを訴えるため、ぜひ共に再読していただきたい、との思いを深くしています。

　中国と「百年マラソン」を競う以外に選択肢のない日本としては、「対馬海峡が三八度線になる日」そして「人民解放軍が（政治的に）米軍を駆逐する日」が来る、という最悪の状況もいまや念頭に置かなければならないときが来ています。そして一日も早く、二〇四九年、少なくとも二〇三五年を視野に入れた「日本再生の大戦略」を議論していかねばなりません。

　そのとき、大切なのは次の点です。何も、すべてにおいて中国と同等の力で対処する必要はありません。当面はアメリカなど同盟国や関係国との連携を最大限に生かすことで対処は可能だし、また差し当たってそれしかほかに方策はありません。しかしそれは、もはや誰が見ても長くは続けられない「時限付き」の選択だ、ということもいまから深く思い知る必要があるでしょう。

繰り返しますが、日本はすべてにおいて中国と同等の力をもつしか対処法はない、というのは誤りです。大切なことは、「アメリカなきアジア」においても、われわれが「一極として立つ」気概を捨てることなく、決して諦めず、中国と伍《ご》していくことができる、小さくとも賢くかつ堅忍不抜《けんにんふばつ》の日本をもう一度つくり直すのだ、と決意すること。これしかありません。

第三章

平成日本衰亡史

愚かなるオプティミズム

二〇一八年夏、さまざまなメディアが「平成最後の夏」という表現で平成日本に関する記事を載せました。いうまでもなくこれは今上陛下の「生前退位」を受けてのもので、翌春に予定されている御代替《みよが》わりの儀式に向けて、多くの場面で「平成」という時代が振り返られることでしょう。

私はおよそ二十年前、平成十（一九九八）年の『Ｖｏｉｃｅ』に「愚かなるオプティミズム」（一九九八年一月号）という論考を寄稿しました。そのなかで、次の一文をしたためています。

「『きっとそのうち、何とかなるはず』との『愚かなるオプティミズム』に閉じ込もってしまう心性が、『衰退』の本質といっていい」

右の論考を書いた当時はまだ、日本の未来に危機感を抱いていた日本人は稀《まれ》でした。しかし危機感を募らせていた私は、ある新聞に「バブル崩壊後の日本経済と社会全体の活力の衰退には目を覆う」と寄稿したところ、景気回復の足を引っ張る悲観論者と見なされて批判されたのを覚えています。

しかし翻って、いまの日本の状況はどうでしょうか。経済にせよ社会にせよ、まさしく「活力の衰退」と呼ぶにふさわしい。いまやむしろ、国の未来を楽観視する人間を見つけるほうが難しいのではないでしょうか。

つまり、かねてより兆候を見せていた危機の構図が、いよいよ誰の目にも明らかになった、ということです。

大きく変わってしまった日本の風土

いま日本が直面している危機は、大きく三つに分けられます。

一つ目が、自然災害です。

二〇一八年には「平成三十年七月豪雨」と名付けられた西日本における未曾有の豪雨や、その一カ月前には大阪北部で最大震度六弱を記録する大地震が起きました。これらの災害が東京ではもはや忘却されつつあるほど、日本列島は絶えず災害に見舞われていま す。

しかも専門家は、「東京直下型大地震」と「南海トラフ大震災」の到来を高確率で予想しています。

もちろん古来、日本人はこの列島の過酷な自然環境と相対し続けてきた民族です。それでも風速八〇m級の台風が毎年のように来襲する時代は、やはり何かがおかしい。地球温暖化による気候大変動が、私たちの知る日本の風土をすでに大きく変えてしまった、といわざるをえません。この先も待ち受ける民族の苦難を想うと、暗澹たる思いになります。

わが国を次から次に襲う大災害に比べれば、北朝鮮のミサイルはたとえ日本の国土に向けて発射されたとしても（実際には対米関係からその可能性は限りなく低い、と私は考えています。詳細は拙著『アメリカ帝国衰亡論・序説』〈幻冬舎〉を参照）被害がまだしも限定的であり、自然災害のほうがはるかに全面的な破壊をもたらす重大な「安全保障」危機であるといえましょう。

日本人自身が民族的に変貌する可能性

二つ目が、日本人自身の変容です。

自然災害は国の「かたち」を変えますが、さらに重大なのは国の「中身」の変容です。たとえば、少子化はその最たるものといってよい。安倍内閣は二〇一六年六月五日に閣議決定した「経済財政運営と改革の基本方針」（骨太の方針）の原案のなかで、外国人単純労働者の流入を初めて認める方針を示しました。少子化による労働力不足を背景に、年間五〇万人超の受け入れ増を見込んでいる、という。

日本もいよいよ移民社会への扉を開けざるをえないフェーズに入ってきた、ということでしょう。今後、日本が欧米と同じく多数派と少数派の日本人同士や民族間の摩擦や軋《あつ》轢《れき》、格差などの問題に悩まされる日が来るのかもしれません。

さらに、移民それ自体よりもさらに大きい変化は、日本人自身がやがて民族的に変貌する可能性です。移民と国際結婚が増え、われわれが自明と考えていた伝統文化や慣習、常識がいま以上に崩れ、日本の国柄が茫漠《ぼうばく》たるものになることはおそらく間違いありません。これこそ、国の根幹を揺るがす「究極の危機」といえるかもしれません。

最も恐ろしいのは「ダラダラと続く財政危機」

そして三つ目が、財政問題です。

わが国は政府・日銀による「不良債権」がいまも急速に積み上げられるばかりで、国の借金は一向に減らない。私は一九九〇年代半ばに刊行した拙著『大英帝国衰亡史』（PHP研究所）で経済大国の衰退を考察・分析した立場から、経済大国としての深刻な衰退要因として、最も恐ろしいのは「ダラダラと続く財政危機」だということを痛感しました。むしろ早期の財政破綻のほうがはるかにましだ、といえるほどです。

世界史の教訓としても、古代ローマから近世のスペインやフランス、二十世紀初頭の大英帝国からソ連崩壊に至るまで、覇権国家が弱体化した要因はことごとく財政破綻に起因する、ということです。

ここで留意すべきは、財政危機は自然災害と少子化を一層に深刻化させ、それによって財政再建がさらに困難になるということ。財政が逼迫《ひっぱく》して国庫の先行きが不透明では、子供を複数生み、育てるにはよほどの意志と覚悟が必要でしょう。

また先述の西日本豪雨においては、明らかに治山・治水予算の減少が背景にありました。加えて報じられているように、流木が河川を詰まらせ、堤防を破壊しましたが、この激しい惨状を招いた一因は外材の輸入による地方山林の荒廃です。

かつて地元の経済と財政を支えた農林水産業、わけても林業はいまやグローバル・エコノミーの名のもとに駆逐《くちく》されつつあり、日夜この国の「かたち」を破壊しています。こうした地方の崩れはそのまま国家財政の疲弊を意味します。

以上、述べた三大危機がいま日本のなかで複雑に作用し合い、国家の在り方を根底から変えている。それが私たちの直面する現実であることをまず、令和の初めに直視すべきなのです。

平成で抜本的に解決した問題はない

自然災害、少子化、そして財政破綻。これらはいずれも長年、危機として叫ばれ続け、対策や改革が求められていたものです。

しかし、私が先の論考を発表した約二十年前から何一つとして「何とかなった」問題はなく、すべて先延ばしになっている。「誰かが何とかしてくれる」と他人任せに終始した結果、「愚かなるチキンレース」を続け、いたずらに国土と国民の傷を深めていたのです。

この三大危機以外に目を向けても、じつは平成のあいだに抜本的に解決した問題はわが国にない、といってよいでしょう。

「河野談話」（平成五〈一九九三〉年）と「村山談話」（平成七〈一九九五〉年）で迷走し、紛糾《ふんきゅう》した歴史認識問題は、安倍政権下の「戦後七十年談話」でも結局、東京裁判史観に終始し、解決できないままに棚上げされました。

また、平成の日本政治の理想とされた「政権交代可能な二大政党制」は、民主党政権の目を覆うばかりの自壊で崩れ去りました。

さらに、第二次安倍政権で期待された憲法改正問題もいまだに手付かずです。

唯一、二〇一四年の集団的自衛権の閣議決定（翌二〇一五年に立法化された安保法制では、「集団的自衛権もどき」というしかありません）だけが「長期政権の成果」というのでは、あまりにも内実に乏しい。後世、「改革をやり切れなかった時代」と評されたとしても致し方ありません。

では日本がこの三十年間、何一つ改革らしい改革を果たせなかったのはなぜなのか。先の平成が「挫折の三十年」となった理由は何か。

その淵源《えんげん》を考えるに、私は昭和の終わり、すなわち一九八〇年代に入ってから起きたわが国の「空気の変化」を思い返さずにはいられません。

歴史には必ず因果関係があります。大きな変化であればあるほど、その前の時代に予兆や原因がある。たとえば昭和の大戦の直接の原因はアメリカによる石油禁輸などの対日経済制裁だったけれども、元を辿ればワシントン海軍軍縮会議（大正十一年＝一九二二年）などに代表される「大正外交の失敗」が挙げられます。

それと同じく、平成日本の失敗の原因を、当の時代である平成の三十年間にのみ求める「輪切りの概括」は意味がありません。むしろ一つ前の時代、昭和戦後期にこそ注目すべきなのです。

「愚かなるチキンレース」を招いた昭和末期

思い返せば昭和六十四年一月七日、昭和天皇の崩御により昭和から平成へと時代が変わりました。西暦でいえば一九八九年で、国際政治の世界ではすでにその数年前から冷戦の終焉という「時代の大転換」を肌で感じることができました。

その変化の萌芽《ほうが》は、「アナス・ミラビリス」（ラテン語で「奇跡の年」）と呼ばれる一九七九年にあります。

ソヴィエト連邦崩壊の端緒となったアフガニスタン侵攻や、中東の秩序を大きく変えたイランのホメイニ革命、そしてイギリスのサッチャー首相による構造改革や中国の鄧小平による「社会主義市場経済」への転換。まさしく世界史を画する激動の始まりであり、日本でも少し遅れて八〇年代に入った途端に、さまざまな面で変化が生じました。

しかし、日本の変化はもっと深く、日本人の精神的なところから始まっていました。まず卑近なところからいうと、流行歌のメロディーが急に「明るく」なり、グルメブームが起き、お笑いタレントが一世を風靡《ふうび》しだすなど、世間の雰囲気がどこか楽観的なムードに覆われ、「まじめの崩壊」といわれつつも、「陽気で楽しい日本人」が増えました。

従来の「勤倹《きんけん》で堅苦しい日本人」からの成熟・脱皮でもあり、それ自体、決して眉をひそめるべきことではないと思いますが、日本の何かが変わったことは確かです。

たとえば「ネアカ」という言葉がとくに好まれるようになったのも、このころです。好むか否かは別にして、以前の日本人といえば「物静かで生真面目、しかし深い思いを秘めている」というイメージで、小津安二郎監督の映画のような登場人物や人生観が少なくとも主流でした。欧米やアジアの人々の日本人観もそうでした。

ところが、そんな日本人がいつしかラテン的な「奇妙な明るさ」を身に付けるようになっていったのです。しかし、その底には何か、西欧の歴史的「衰退」と重ね合わせて論じられるようなものが横たわっていたように思います。

「ビッグ・ブーム」という言葉がメディアで頻発されるのも、この時代からです。そして息長く一つのものに愛着を覚える文化や、一つのところに忠誠や操《みさお》を貫く人も、いつしか少数派になっていきます。

私は一九七〇年代初めから英国に留学し、最終的に八一年、帰国しました。長年、日本を離れていたせいか帰国当時、その間の大きな国民性の変化に「浦島太郎」のような感覚に陥ったものです。

しかしいま振り返れば、あの「奇妙な明るさ」が大きな問題だったのです。当時の明るさは同時に「軽さ」であり、ちょうど七〇年代を境に、日本人は地に足の着いた骨太な思考や振る舞いができなくなったように思えます。

その典型が、「国際国家」という言葉です。「国際」と「国家」という相反する二つを併記するのは本来、言語矛盾も甚しい。しかも、いまでは吹き出してしまいそうなレトロな感覚ですが、中曽根康弘首相以下、当時の日本人の多くは口を開けば「日本は国際化して国際国家になろう」と、理想のスローガンとして大真面目に掲げていました。

もしあのとき、日本人が物事を深く考える国民性を守り続けていたならば、平成の日本人が、世界と日本の行方に対して、大きな挫折につながる空虚な幻想を抱くこともなかったでしょう。

失われた国の根幹や針路の議論

日本を蝕んだこの「奇妙な明るさ」の背景として、一つには戦争を体験した世代が現役から退《しりぞ》き始めたことが挙げられるでしょう。明治維新や日清・日露戦争を知る世代が社会から徐々に姿を消した結果、大きく道を誤って「あの戦争」に突き進んだ戦前昭和の日本とオーバーラップする構図です。

もう一つは、日本人の慢心です。敗戦からわずか三十年で奇跡の復興を遂げて世界に冠たる経済大国になった日本のリーダーたちが、海外からおだてられ、世界の超大国と肩を並べた気になってしまった。

アメリカの社会学者エズラ・ヴォーゲルが一九七九年に発表して世界的に話題を呼んだ『Japan as Number One（ジャパン・アズ・ナンバーワン）』もまた、日本人を増長させる悪しき作用をもたらした一因でした。

しかし日本が経済大国になった結果、この国に何が起きたのか。それは、たんに「バブルを招いた」という話では済まない結果をもたらしました。バブルをもたらしたあの妙な明るさと空虚な自信の裏で、「どんな日本にするか」という国の根幹に関わる目標や針路について、まったく軽薄な議論しかできなくなってしまったのです。

国際的な風潮や流行に流されずにどっしりと国家の軸を据えて考え、一度やると決めた改革は一途《いちず》に進める、という国としての粘着力が失われてしまった。一言でいえば、日本という国の運命に対して誰もが無責任になってしまったのです。

これはかつてないことで、たとえば戦後の日本人が経済大国になることを共通の国家目標として抱いたのは、あの悲惨な敗戦が「物量で負けた」ことを実感し、「もう二度とあんな戦後の苦難を経験したくない」と心に決めていたからです。

保守とリベラル（当時の用語では右と左）の違いを問わず、国民の皆が「豊かな日本をつくれば、再びあのような屈辱を味わうこともない」という決意を等しく抱いていた。だからこそ、がむしゃらに経済大国への道を駆け上がることができたのです。

しかし一九八〇年代から、そのような長期の国家ビジョンが語られることはなくなりました。そして進むべき道を見失った果てに、八〇年代後半のバブルと、そしてその崩壊を迎え、日本は未曾有の混迷にはまり込むこととなるのです。

また、時を同じくして世界にグローバル化の波が押し寄せますが、もはや諸外国と戦う気概を失ったわが国は、「世界に染まる」ことがグローバル化だと誤解し、いっそう「日本のかたち」を忘却し、腰を定めて国家としての戦略を考える習慣を失いました。

すなわち、この一九八〇年代以降の「日本の空気」こそが、のちの平成日本から改革する力をあらかじめ奪い取っていたのであり、今日の危機の到来を座して待つだけの姿勢をもたらした「平成日本の病魔」の兆候だった、といえるでしょう。

勇気なき改革と不真面目なポピュリズム政治

それでも平成に入ったばかりのころはまだ、人びとのあいだに改革を行なおうという真剣な意志は見えました。その機運を破壊したものは何だったのか。おさらいの意味も含めて、平成三十年を十年ごとに分けて、各時代の特質を見ていきたいと思います。

平成最初の十年は、成果の良し悪しはさて置き、いくつかの改革が行なわれました。

一九九三年から九四年にかけて、現在に至る小選挙区制を中心とした選挙制度改革や霞が関の省庁再編が行なわれ、細川連立政権の発足により、自民党と社会党の五五年体制が終わりを告げました。

しかし改革の中身に目を向けると、それらがはたして妥当なものであったかについては疑問が残ります。たとえば橋本龍太郎内閣の「六つの改革」のように、行政改革、財政構造改革、社会保障改革、経済構造改革、金融システム改革、教育改革を並列化した結果、物事の軽重《けいちょう》や優先順位が曖昧になり、最も肝心な国家の活力を蘇《よみがえ》らせるダイナミズムを生み出すことができませんでした。

加えて不幸だったのはこの時期、日本長期信用銀行や山一證券の破綻による一九九七〜九八年の「金融崩壊」が起きたことです。阪神・淡路大震災やオウム真理教の地下鉄サリン事件（一九九五年）に加え、この平成最初の金融崩壊は日本人の改革への意欲に大きく水を差す出来事となりました。

次に、平成三十年の第二期にあたる真ん中の十年を象徴するのが「小泉改革」です。

小泉純一郎首相は構造改革に必要な不退転の覚悟、いわば「アニマル・スピリット」をもつ人物でしたが、もっぱら郵政民営化にのみ注力し、安全保障や教育など国家の命運に関する重要な問題に目を向けることができなかった。また、刺客選挙に代表されるように「ワイドショー化」された選挙と劇場型ポピュリズム政治の一大象徴でもありました。

さらに平成第二期の掉尾《ちょうび》を飾ったのは経済危機、すなわち二〇〇八年のリーマン・ショックに端を発する経済不況です。サブプライムローンとはまったく関係がなかったはずの日本経済は、アメリカの影響をもろに受けて大きく崩れ、それとともに改革の機運も吹き飛んでしまいました。

そして平成最後の十年は、まさに大混乱の時代でした。二〇〇九年の民主党政権の誕生と迷走、二〇一一年の東日本大震災と福島原発事故。また世界を見渡せば、中国による東シナ海・南シナ海の領海侵犯と軍事基地化、そしてロシアによるクリミア占領、中東におけるＩＳ（いわゆる「イスラム国」）のテロの広がりや北朝鮮の核ミサイル危機。さらにトランプ米大統領による民主主義の軽視や孤立主義と保護主義の高まりなど、どこに目を向けても深刻な脅威が日本を取り囲むような様相を呈する事態が、いよいよ迫ってきました。

経済面では二〇一三年以来の「アベノミクス」で一時はようやく浮揚の兆しを見せたも

ものの、再び停滞を迎えており、完全回復とは言い難い状況が続いています。そして、その間に財政健全化（プライマリーバランスの均衡化）の目標年は、さらに五年も先延ばしされてしまいました。

いよいよ、日本国債をめぐる経済の危機管理が必要となってきたのです。

「まじめの回復」以外に明るい未来はない

こうして、日本は平成の三十年のあいだ改革に失敗しつづけたまま、今回の御代替わりを迎えました。

なかでも私が致命的だと感じるのが、「国際社会における日本の自立」という最大の課題が手付かずのまま残されている、ということです。

じつは平成に入ってすぐ、日本は「独り立ち」のチャンスを迎えていたのです。それは一九八九年、つまり平成元年のいわゆる「冷戦の終結」です。ソ連の崩壊や天安門事件による中国の決定的な弱体化により、日本はその経済力に見合った政治大国として自立した外交・安全保障を新たな時代の国家目標とすることが可能になりました。

目ぼしい脅威がなくなった以上、もはや、これまでのように緊密にアメリカの敷いた路線に付き従う必要がなくなったことが誰の目にも明らかになりました。敗戦以来、長年待ち望んできた「脱アメリカ依存」がようやく可能になる、と考えた日本人は少なくありませんでした。

同時期に出版された石原慎太郎氏とソニーの盛田昭夫社長（当時）の共著『「NO」と言える日本』（光文社）が空前の大ベストセラーになったのも、当時の雰囲気を表しています。

当時は憲法改正はもちろんのこと、自前の戦闘機や空母ももって在日米軍基地は徐々に縮小してもらう、という論調もあちらこちらで唱えられていました。おそらくは戦後初めて、アメリカからの日本の相対的独立が真剣な議論のテーマとして俎上《そじょう》に載っていた時代だったことは間違いありません。

しかし、その「日本独立」論議がいっぺんに挫折を余儀なくされたのが、一九九一年（平成三年）の湾岸戦争でした。当時、まさに話し合うべきは安保・外交面での「日本の自立」であったはずなのに、「湾岸国会」は浮足立ってひたすら自衛隊を派遣するか否か、多国籍軍にお金を出すか否かだけが議論の焦点となってしまい、憲法解釈をめぐる論議は果てしない神学論争のごとき様相を呈《てい》しました。

非合理極まりないことに、護憲を唱え、自衛隊派遣に反対する「戦後平和派」も、冷戦後もっぱら日米同盟を重視し、ワシントンの圧力を体してひたすら派遣を推進するだけの「親米保守派」のいずれもが、日本をいかなる国にするかを論じることのないまま、憲法論争に明け暮れてしまいました。

私は当時もいまも、戦後日本からの再生をめざす方途は自立以外にない、と確信しています。自立とは、端的にいえば人びとに「生きる力」を内側からつくり出す源にほかなりません。われわれ自身が子供から大人になったときを思い出せばわかるように、人間というものは自立が目標になった瞬間、自然と活力が湧き上がり、経済的にも自立と繁栄をめざして己を高めようと努めるものです。

また、自立への志はクリエイティブな才能を生み出します。誤解を恐れずにいえば、自立を達成するか否かは二の次であり、それをめざすこと自体が、国であれ企業であれ、はたまた個人であれ、自らの潜在力を最大限に発揮できるようになる、「大いなるスイッチ」なのです。

私が、国際情勢に関わりなく「何があっても、日本はつねにアメリカの力に頼ったほうが国益を守れる」という親米保守派に与《くみ》しない最大の理由は、何よりもこの自立という国としての目標の大切さを意識しているからです。

そもそも近代日本の歩みは、自立への希求抜きには語れません。二〇一八年は「明治維新百五十年」でしたが、尊王攘夷にせよ文明開化にせよ、キーワードはまさに欧米列強からの自立でした。だからこそ、明治の日本は「坂の上の雲」をめざすエネルギーが漲《みなぎ》っていたのです。

さらにいえば、「独立自尊」を最重要の国家目標とした福澤諭吉や新渡戸稲造が重んじた「武士道」の内実も、その核心はこの「自立の哲学」にあったのです。一般には「主君に忠義をもって仕える」のが武士道だと思われがちですが、それではたんなる家臣の「臣道」にすぎません。

武士道がなぜいまも一個の人生哲学として成り立つかといえば、主君とは切り離した自己をまず確立し、そのうえで主君を支える「役割」を果たすことを究極の理想に掲げたからです。だからこそ、福澤や新渡戸のようにむしろ欧米の思想や個人主義を深く学んだ者が武士道に注目したのです。

遅すぎた日本、でも諦めはしない

グローバル化の波とともに始まった平成という時代において、残念ながら日本は三十年間を費やしても、自立を果たすことが叶いませんでした。しかし、たとえ三十年間失敗したとしても「時すでに遅し」と諦めることほど愚かなことはありません。いま世界の各国――当のアメリカ自身も含めて――が次々と「脱アメリカ化」と自立の道をひた走る時代に、日本だけが退《しりぞ》き始めた追随を続けるわけにはいかないのです。

いよいよ本格的に多極化する世界において、私たちはあらためて国家の目標を自立に置いて国力の涵養《かんよう》に邁進すべきでしょう。

私は東西統一期、ドイツによく足を運びましたが、彼らが掲げる理想は紛れもなく自立でした。冷戦が終わり、もうアメリカやソ連の顔色を窺う必要はない。「自分たちの手で運命を切り拓《ひら》く」という意志がドイツ国民を衝《つ》き動かし、フランスとともにEU（欧州連合）をつくって米ロのくびきから離れ、いまや「ヨーロッパの盟主」の座に上り詰めるまでに至ったのです。

そしていま、ドイツは欧州を率いてトランプのアメリカとプーチンのロシアの双方に対峙して、「自立する欧州」へと本格的に動き出しました。私たちはいま、昭和後期から平成にかけての改革の失敗を振り返りつつ、宿題として残った「三十年遅れの自立」をもう一度、自らの視野のなかに取り戻さなければならないでしょう。

令和の日本人次第で平成の意義が決まる

ここまでは、不本意ながら平成のネガティブな面ばかりを述べてきましたが、私は決して悲観論ばかりを唱えたいわけではありません。最後に、令和における「日本の希望」としてお伝えしたいのが、「目立たないが、平成の日本が確実に達成した成果」のことです。

まずこの間、身の周りを見渡してみても、日本の生活文化に昭和の時代に決して目にすることのできなかった高度の「成熟と洗練」を感じます。それは、日本人の思考や精神文化についてもいえるかもしれません。

たとえば、平成の末期に社会の第一線に出てきた若い世代は、古い昭和の価値観や偏った戦後教育にまったく染まっていない分、物事をフラットでプラグマティックに考えられる優れた特徴があります。また、知的で合理的な思考の持ち主も増えているように思います。芸術や文化、食や旅行の面でも、まさに世界に通用する才能があちらこちらで次々と台頭してきています。

こうした各分野の充実は国の衰退と一見、反比例しているように思われるけれども、じつは大国の成熟とは得てしてこのように不思議な様相を見せるものです。

十九世紀末、二十世紀前半のイギリスがまさにそうで、表面上の国力や国の勢いは衰えていたものの、その裏で文化やインテリジェンス（知性と情報）の内実を成熟させていき、二十世紀後半に花開いて再び英国を世界一流の国へと昇華させました。

その意味では、平成とはたしかに、すぐには日本の再生につながる改革を成し遂げられなかった「失敗の時代」でしたが、同時に「熟成の時代」であったともいえるでしょう。そして、この三十年間で蓄えたものを活かせるか否かは、まさに次の時代に懸かっているのです。

つまり、平成の評価をネガティブな面だけで塗り潰し、結論を出すには時期尚早であり、その成果と意義はじつは令和の日本人の手に委ねられている、ということです。

しかし繰り返すようですが、外交や防衛など「国としての生存」に関わる分野では、明らかに「遅きに失して」おり、日本の危機は掛け値なしに深まっています。

とりわけ、この点で国運を打開するためにどうしても不可欠な「日本の自立」は道半ばです。この分野では、今後大きく浮上してくる前述した危機以外にも、憲法改正をはじめとして、外交や軍事など戦後昭和から平成を通じた大課題が積み残されています。

これらの問題を解決するには、誰もが日本の針路に責任感をもつこと、そして明治時代のように、国民こぞって国力を向上させ、「国のサバイバルを支えるんだ」という進取《しんしゅ》の活力を再び取り戻す必要があるでしょう。

平成の日本では「和《なご》む」とか「まったりする」といったような、安楽ないしは安逸《あんいつ》さを求める言葉が、若い世代を中心に好んで用いられるようになりました。

もちろん休息は日々の活力の根源として重要ですが、過度の安息はやがて消極性へと変貌します。日本が必要以上に、これ以上「まったり」してしまえば、苛烈な二十一世紀の世界的競争のなかで生き残ることはできません。

令和の日本人が危機感と意欲、そしてとりわけ「精神の自立」がもたらす勇気を取り戻し、歴史的な改革に臨み、「平成は再生のために必要な『熟成の時代』だった」と回顧する日が来ることを願ってやみません。

第四章

眼前にあった
自立への「追い風」

日本を蝕んだ激発的な「産業の空洞化」

二〇二五年、大阪で万博が開催されますが、逼塞《ひっそく》を託《かこ》ってきた関西にも、ようやく明るい未来が訪れようとしています。

それにしても、先の平成という時代は、まさに「失われた三十年」という言葉がぴったりの年月でした。

すでに平成の初めごろ、「第二の敗戦」という言葉が人びとの口に上っていましたが、このぬかるみはどこまで続くのか――。平成の三十年を振り返り、私たちは日本という国をめぐって、そうした感覚を何度、抱いたことでしょう。

わが国にとって、平成とは「改革」と「再生」に失敗し続けた三十年でした。それどころか、安保危機、自然災害、少子化、そして財政悪化と、平成の時代に生まれた課題だけではなく、昭和・戦後期から手付かずのまま積み残されてきた問題も、いまや文字どおり山積みとなっています。

現在まで続くこの日本の「負の遺産」のうち、とりわけ看過できない重大問題が二つあります。

一つ目は、バブル崩壊によって深い傷を負った「日本経済の本格再生」です。「冷戦終焉」が叫ばれ、昭和から平成に移る、まさにそのときに大バブルが弾け、戦後数十年にわたった日本経済の安定成長は終わりを迎えました。

原因としては複合的な要因が挙げられますが、決定的だったのはあのプラザ合意（一九八五年）以来の為替の大変動です。八〇年代半ばまで一ドル二四〇～二五〇円で推移していた円ドル為替が、わずか二年ほどで同一二〇～一三〇円にまで一挙に倍の円高になりました。

追い打ちをかけるように、九〇年四月に一ドル＝一六〇・三五円だった為替レートは、九五年四月にはついに七九・七五円という驚異の超円高に至りました。

日本企業の命綱は輸出です。この未曾有の円高――通貨の世界史にも類を見ない致命的な為替の変動――は、日本経済の根本活力にとって致命傷となったのです。それがやがて国としての歴史的な「経済破綻《はたん》」につながるのはわかりきったことでした。まさにあのとき、日本の「第二の敗戦」が起こったのです。

なぜこんなことが起きてしまったのか。このことは「第一の敗戦」、つまりあの昭和の大戦の原因と同様、今後も日本人がその知力を傾けて探求を続けるべき「一大歴史テーマ」だといえるでしょう。

いずれにせよ、大バブルが弾けたあと、多くの日本企業がこの超円高に対処するため、生産拠点を一挙に海外へ移しました。その結果、国内の雇用と経済を支えていた工場がいっせいに姿を消し、日本全国から生き血が抜けるように活気が失われていきました。

それから四十年近く、アベノミクスを経たいまもなお、わが国は真の景気回復を果たすことができていない。問題の根因はまさしく、前代未聞の円高による激発的な「日本産業の空洞化」とその後遺症にあります。

日本の一世帯当たりの所得は、この二十年で二〇％減少しました。先日、ある会合で私が「日本の一人当たりGDPは、かつて〝英国病〟に陥《おちい》ったはずのイギリスにもすでに大きく引き離され、いまやG7で日本とイタリアが最下位を争っている」と話すと多くの知識人が驚いていましたが、私はむしろその驚きの様子に驚きました。

このグローバル化――美辞麗句を用いれば――に伴う空洞化という課題に対して、近年、きわめて理に適《かな》った対応策を唱えている人物がいます。意外に感じるかもしれませんが、ほかでもないアメリカのドナルド・トランプ氏です。

トランプ大統領は二〇一八年九月、ニューヨークの国連本部で「われわれはグローバリズムを拒絶し、愛国主義に基づき行動する」と語りました。

これを相変わらずの暴言と捉える向きは多い。たしかにそのとおりかもしれません。トランプ氏の国際秩序や民主主義の大切さへの意識には危ういものがあり、その執務姿勢にも大きな問題があります。

しかし、彼の政策でただ一点、海外に拡散したアメリカ企業を国内に呼び戻そうとする政策の方向性は、たしかに合理的で、時宜《じぎ》に適っていると評価できます。

日本に目を転ずれば、急進な産業の空洞化の結果、地方がこれほど衰退し、東京にあらゆる機能が一極集中する仕組みが進み、それがさらに日本の空洞化を促進し、いまや限界に近づいていることは明らかです。

少なくともトランプ大統領の一見「暴言」と聞こえる政策論の背景に、日本経済の再生の決定的なヒントがある点は見逃してはなりません。日本企業の「ホーム・カミング（わが家への帰還）」という新たな国としての戦略こそ、その鍵を握る答えなのです。

かつて「自立」への好機は眼前にあった

経済の再生とともに、平成の日本に積み残された二つ目の、そして令和の日本にとって決定的な重大問題が「国防」です。

「令和の国防」を論じる上でまず知っておくべきことは、日本人が安全保障問題を正しく認識するための大前提として、昭和・戦後期の日本と、平成の日本では、その安全保障環境の核心部分において決定的な違いがある、ということです。

戦後日本の安全保障は、数十年も続いた冷戦構造のなかで、つねに「戦争か、平和か」「護憲か、改憲か」という二元論で語られました。タカ派とハト派、右と左などさまざまな呼び方がありますが、本質は同じことです。

つまり第二次大戦の敗戦と東西冷戦を直接経験していた当時の世代の日本人にとって、戦争は遠い記憶の出来事ではなかった。冷戦の緊張が続くなか、「あの戦争を繰り返してはならない」という意識が、当時の日本人の頭の中には拭《ぬぐ》い難く浸透していました。

その転換点となったのが昭和から平成への移行の年、すなわち一九八九年に起きた、いわゆる「冷戦の終結」です。日本人のあいだには「ようやく新しい平和な時代が訪れた」との感覚とともに、この平和のなかで戦後長いあいだ棚上げされてきた「あるべき日本の姿」を探ろうとする気運が生まれて、同時に、「改革」の流れが各方面で浮上してきました。

この動きと併せ、日本の安全保障をめぐっても新しい大テーマが浮上してきました。それが「日本の自立」です。自立という言葉にはさまざまな意味が含まれるけれども、安全保障に関していえば、これまでの過度な「対米依存」を続けるか否か、というテーマに収斂《しゅうれん》されます。

事実、当時の日本には「これからは、在日米軍は有事の際のみ駆け付ける有事駐留で十分ではないか」という議論すらありました。防衛の主体は日本自身、つまり自衛隊とすべきということです。

そして、この「対米自立」の気運から、それまでタブー視されていた憲法の見直しの動きが表面化してきました。

自衛隊に関する「名称は自衛軍でも国防軍でもいいので、とにかく正式の軍隊にせよ」という意見や、「国際貢献すら認めていない九条は大欠陥だ」「日本国の主権と独立、国民の生命と財産を守るために、日本は〝普通の国〟としての防衛と国際的役割を果たすべき」等々の意見がありました。

たしかに護憲派はいま以上に多かったのですが、彼らに対しても、「では、このままアメリカに一方的に依存し続けていいんですか」ということになると、それはいけないということ。

つまりは、平和へと向かう国際情勢や旺盛な経済力という恵まれた条件のなかで、日本はなるべく早く国として本来の安全保障能力を身につけ、過度な「米国依存」から脱却するという点で、左も右も一致し始めていたのです。

少なくとも当時、鋭敏な観察力をもった日本人のなかにはリベラル派も含め、こうした見方をもっている人がいました。それは一見、平和へ向かっているいまの情勢もいずれ変転・悪化するかもしれない、という見方も一方で理解していたからです。

平成初めのあのとき、まさしく「日本の自立」は眼前にありました。当時の日本は世界第二位の経済大国でした。それもアメリカの座を脅かすほどの「経済超大国」として、日本には活力が溢《あふ》れていました。国内の合意や国際社会の理解にゆっくりと時間をかければ、自立に必要な防衛費は容易に都合をつけられたはずです。

これが「window of opportunity」すなわちめったに到来しない日本の自立の歴史的なチャンスであり、いまでは信じ難いことですが、日本にはそんな敗戦以来絶えてなかった、自立国家への「歴史的追い風」が吹いていたのです。

しかし結論からいえば、その歴史的気運が「突風」の到来によって、一気に吹き飛ばされてしまった。一九九一年の湾岸戦争です。それによってアメリカの世界戦略がネオコン派の牛耳《ぎゅうじ》るところとなり、日本や欧州に対し、冷戦後もアメリカの影響力・支配力を強める方向へと舵を切りました。九〇年代半ばの「日米安保再定義」の流れも、このことと関わっていました。いずれも冷戦終焉によって超大国としての役割を喪失しつつあったアメリカが、同盟国をつなぎ留めておくための動きだったといえるでしょう。

この二つで抑え込まれた日本はその後、平成の三十年を経ても自立を果たすことは叶わなくなっていきます。日本経済の落ち込みと並行して、戦後七十年以上たっても、引き続き日本人がいわゆる「平和ボケ」に浸りつづけ、自国の安全保障に当事者意識をもてない事実だけが深く定着していったのです。

日米安保同盟がもたらした大きな犠牲

平成の到来とともに訪れた、いわゆる「冷戦終結」の直後に「日本の自立」「対米依存の終わり」という絶好のチャンスをみすみす逃したのは、返すがえすも残念でなりません。なぜなら、あのときの「平和」は、私にはいずれ容易に崩れていくことが明らかだったからです。たとえば、天安門事件を起こした中国はたいへん「危うい超大国」となる、という将来の姿が見えていました。

また、同盟国アメリカの側には古い、歪《ゆが》んだ対日警戒心があって、それが健全な日米同盟の将来に障害となる可能性が見えていたからです。同盟の維持と日本の自立が決して矛盾しないことを理解できない人々が、日米双方の指導層に数多く残っていたのです。

いまの若い人は知らないでしょうが、当時の在日米海兵隊司令官ヘンリー・C・スタックポールが、日本の自立気運が最も高まりを見せた一九九〇年に語った次の言葉が当時、有名になりました。

「もし米軍が撤退したら、日本は軍事力を大いに強化するだろう。誰も日本の再軍備を望んでいない。だからわれわれは（〝魔物〟としての日本の軍国主義化が飛び出すのを防ぐ）瓶《びん》の蓋《ふた》として、日本に居続けなければならないのだ」

アメリカの「封じ込め政策」には、表と裏の二面性がありました。すなわち、表はソ連あるいは共産主義の脅威を封じ込めることですが、その裏とはかつてアメリカにとって最も深刻な脅威だった日独の国力を封じ込めることでした。

いまでは考えられませんが、「あの邪悪なインペリアル・ジャパン（大日本帝国）を再び蘇らせないよう、何としても押さえつける」と、アメリカは「冷戦崩壊」の直後に強く決意していたのです。それは裏を返せば、当時の日本が極東においていかに圧倒的な存在感を放っていたかを物語ります。

では、なぜ日本はまたとない好機を生かせず、自立を果たせなかったのか――。

戦後七十年を迎えた二〇一五年五月三十一日の『ＮＨＫスペシャル』は、戦後日本経済の大崩壊を引き起こしたバブル、そして先に述べたその直接の原因「超円高の元凶」である一九八五年のプラザ合意を、なぜ日本が受諾しなければならなかったのかを三十年ぶりに検証する番組でした。

そのなかで、当時大蔵省財務官として対米交渉の当事者だった大場《おおば》智満《ともみつ》氏の証言が明らかになりました。

大場氏は、プラザ合意によって日本経済に大混乱が生じ、収拾できなくなるリスクを含んでいることはわかっていたものの、やむをえなかったと語りました。しかし記者から問い詰められると、「日本はアメリカの核の傘によって守ってもらっている以上、このアメリカとの(プラザ)合意は飲むしかなかったのです」と告白したのです。

そして、合意の翌一九八六年九月の日米蔵相会談で、超円高に悲鳴を上げた日本側に、アメリカのベーカー財務長官は「さらなる利上げ」を促しました。

かくて、未曾有のバブルとその破裂によって日本経済の「失われた三十年」が始まったのです。国を守るはずの日米安保同盟ですが、それに過度に依存することが国家としていかに大きな犠牲を生み、国益の損失をもたらしたか、日本人は決して忘れるべきではありません。

遅かったペンス演説

しかしいま習近平の中国が、新たにかつてのソ連のように日本にとって急速に脅威を高めつつある以上、まずはアメリカとの関係を緊密化して、中国の抑止に努めることを優先するしかない状況になってきました。

二〇一八年十月四日、アメリカのマイク・ペンス副大統領はワシントンのシンクタンクで演説し、かつてない強硬な口調で中国の危険さを説き、初めて公然と対中包囲戦略の必要性を唱えました。

これが世界中に「米中対決」の時代が到来したことを訴えるものとなりましたが、「ようやくアメリカも気付いたのか」「それにしても遅かった」「いや、少しばかり遅すぎたのではないか」というのが、この演説を聞いた私の第一印象でした。

イギリス外交を長く研究した私の持論ですが、成功する外交の要諦《ようてい》は、先述した「早く見つけ、ゆっくりと行動に移し、冷静で粘り強く主張し、最後は潔く譲歩して妥協に努める」ことです。

このペンス演説は、（中国の脅威を）見つけるのが遅すぎて、しかもその上で性急かつ衝動的に行動に出ている。この新たな対中政策がうまくいくかどうか、すべては今後のアメリカがどれほど粘り強く、かつ柔軟な取り組みで中国の行動を改めさせることができるかにかかっています。

いずれにせよ、アメリカからそうした意志表示があった以上、より強く中国の脅威を受けているアメリカの同盟国・日本としてもいまや対中戦略上、日米のあいだで行動に齟齬《そご》が生じないように気を付ける必要があることは、いうまでもありません。

そのうえで、アメリカ外交の心配な問題点についていえば、あれほど明らかであった中国の本質にアメリカはなぜ、これほど遅くなるまで気付かなかったのか。ここまで巨大化した中国の脅威をアメリカはいまになってはたして抑え込めるのか、ということです。

こんなことは十年、いや二十年も前から、疑問の余地のないほど明らかだったのではないか。これほどまでに「見つけるのが遅い」アメリカは、はたしてどこまで信頼のできる外交プレーヤーといえるのかと、私はかえって心配になります。

その点で思い出されるのが、一九九六年三月に行なわれた台湾総統選挙です。台湾初の民主選挙で、台湾の自立を掲げる李登輝候補の躍進が「台湾独立運動につながる」と懸念した中国共産党は、選挙直前に軍事演習を行ない、台湾の基隆《キールン》沖にミサイルを撃ち込む行動に出ました。

私は折しも選挙の前後に北京を訪れていたのですが、当時の中国は驚くほどの「台湾独立、許すまじ」の空気に満ちていました。中国人のエリートと話しても「いかなる犠牲を払っても台湾独立を阻止する」という姿勢であり、私が武力行使に疑問を呈すると「そもそも台湾問題の深刻な状況は、すべて日本がつくり出したものだ」と思ってもみない言葉を投げ返されました。

「中国は近い将来、必ず日本とアメリカの安全保障を脅やかす存在になる」と直感したのは、そのときです。

当時の中国は、一九九二年に鄧小平が改革・開放路線の加速を唱えた「南巡講話《なんじゅんこうわ》」が効果を発揮し始めたころです。年率一〇%前後に近い経済成長を遂げ、日本はおろか、長期的にはアメリカをも経済で追い抜くのではないか、という見通しも卓見の人びとのあいだでは語られていました。

シンガポール初代首相を務めたリー・クアン・ユー（華人の四世にあたる）も、「わがマザーランド（祖国・中国）はアジアの超大国になり、四十年以内にアメリカを追い抜く」と語っていました。

その後の中国の躍進は、いまさら語るまでもないでしょう。年率一〇%に近い経済成長を持続させ、二〇一〇年にはついにＧＤＰで日本を追い抜きました。この勢いで二〇三〇年にはアメリカを抜くとされています。

軍事費を見ても、一九八八年から二〇一〇年まで二十一年連続で一〇%以上の伸び率を記録し、いまなお右肩上がりを続けています。最新の国防予算案は約一八兆五〇〇〇億円、日本の防衛費の三・七倍を記録し、押しも押されもせぬ世界第二位の軍事大国となっている。

「同盟国への裏切り」の歴史

これほど強大化した中国を、ペンス演説がいうように、アメリカが本気で追い詰め、プラザ合意後の日本のように一気に叩き潰してアメリカにとっての脅威でなくするためには、日本の場合とは違いアメリカも相当の「返り血」を浴びる――つまりアメリカの国益上、多大のコストとリスクが生じること――を覚悟する必要があります。

そしてここで強調しておきたいのは、日本人はあまりよく知らないことですが、アメリカの外交史は「同盟国への裏切り」の歴史に満ちているということです。

世界でよくいわれていることですが、第一次世界大戦後、アメリカは自らが主導したヴェルサイユ講和条約の批准を拒否して国際連盟から離脱し、ドイツとソ連の脅威に晒されるフランスとイギリスを見捨て、ヨーロッパの安全保障の責任を投げ出して孤立主義に走りました。その結果、第二次世界大戦を招き寄せてしまいます。

戦後も、中国で当初は支援していた蔣介石の国民党を見捨てて「共産中国」の誕生をもたらしましたし、ベトナム戦争でも南ベトナムを見捨てて撤退し、ベトナムの共産主義化を黙認してしまい、多くの「ボートピープル」を出しました。

その他にも多くの事例がありますが、これはなにもアメリカが初めから悪意をもって同盟国の裏切りを画策したのではありません。

そもそもアングロサクソン的なプラグマティズム（現実主義）の思想は、コストが予想外に高くなると「約束を破ることも許される」と考える現実主義と背中合わせになっていることを、知っておく必要があるでしょう。

またイギリスと違い、アメリカという国は国内の世論によって「どうとでも変わる国」であり、それでなくともいまやアメリカの（オバマ）大統領が「世界の警察官をやめる」といってみたり、次の大統領（トランプ）が折に触れて「同盟の義務を守るつもりになれない」と公言しています。

究極のところ、彼《か》の国はいつの時代も「アメリカ・ファースト」を徹底して最重視する国柄だと知っておくことが、アメリカと同盟を結ぶうえで必須の覚悟だ、ということなのです。

先述のように早くから中国の台頭を感じ取っていた私は、一九九〇年代後半から二〇〇〇年代にかけて新聞や雑誌、テレビなどあらゆる場を使って「中国が日本を追い抜く日を見越して、新しい時代の日米関係を考慮に入れて日本が核の傘を除くすべての分野で自らを守れるよう、国としての選択を考えなければいけない時期に差し掛かっている」と、繰り返し警告を発しました。

こういえば少なからぬ同調を得られると思っていましたが、まったくそうではありませんでした。日米同盟への全面依存を唱える有名な外交評論家をはじめ、大半の日本の識者は「中国が日本を抜くなどということは、向こう三十年は起こりえない」という反応で、取りつく島もなかったことをよく覚えています。

しかし「対中楽観論」と「中国への無知」が広まっていたのは何もわが国だけではなく、アメリカでも「パンダ・ハグ（親中楽観主義）」の気運が国家の上層部にまで蔓延していました。

一九九〇年代半ばからアメリカは、世界経済発展の推進エンジンとしての中国の未来に大きな期待を寄せ、世界銀行と共に中国の先端企業に大々的に投資を奨励していました。

私は「アメリカはいったい何を考えているんだ。共産党一党体制を止められない中国をどこまで肥《こ》え太らせるつもりだ」「昔のイギリスの外交官がいうように、アメリカは財力と腕力はあるが、脳みそのない同盟国なのか」と、絶望的な気分を味わっていました。

もちろん日本も、そんなアメリカの尻に付いて、多額のＯＤＡだけでなく貴重な設備投資資金を中国に注ぎ込んでいました。

こうした情勢があまりにも長く続いたので、私は独り焦燥感を強め、それがそのころの私の言論の調子にも反映されています。「日本もアメリカもなぜ、これほど先が見えないのだろう」。当時、私は文字どおり悶々《もんもん》とした日々を過ごしていました。

一九九〇年代から明らかだった中国の野心

そうしたなかで、ついに二〇〇八年にリーマン・ショックが起きて世界経済が大きなダメージを受けた際には、アメリカのブッシュ（息子）政権は世界の景気を浮揚《ふよう》させる救世主のごとく、中国に「三跪九叩頭《さんききゅうこうとう》」していました。

一方、当時の胡錦濤《こきんとう》政権が打った経済対策の規模が約六〇兆円と聞いて、私は「あまりにリスキーで中国の未来は危うい」と感じつつも、「もしこれで中国経済がバブル化し、十年以内に崩壊しなければ、中国はまさにアメリカをしのぐ恐るべき大国になるはずだ」

と覚悟していました。

ところが、わが同盟国は、無邪気に中国経済に期待するばかりで、将来の脅威をついに見抜けなかったのです。

その後、二〇一五年にキッシンジャーの対中政策顧問まで務めたアメリカきっての中国問題の専門家のマイケル・ピルズベリーが『China 2049』を上梓し、そのなかで「私を含めアメリカの中国専門家は皆、騙《だま》されていました」と告白し、中国は毛沢東以来、百年かけてアメリカを追い越そうという「百年マラソン」の戦略を採っていることが世に知られるようになりました。

しかし、私にいわせれば中国の野心はすでに一九九〇年代から明らかになっており、「何をいまさら」という感が否めません。それよりも、対中政策をめぐる「アメリカの頭脳」といわれる人でも、このレベルだったのか、と空恐ろしく感じました。

中国共産党の「百年マラソン」のゴールは、大中華帝国の確立です。そんなことは、一九四九年の共産革命前から分かっていたことではないか。たとえば、毛沢東が一九三九年に著した論文「中国革命と中国共産党」において、この「中国の夢」はすでに明らかとなっています。

巧妙だったのはその後、鄧小平が、中国は当分のあいだ力を隠して決して野心を表に出さず、ひたすら力を蓄えるべきとする「韜光養晦《とうこうようかい》」をスローガンに掲げて実践したことです。

鄧はチャイニーズ・ワールド・オーダー（中華的世界秩序、すなわち中華帝国圏）再建の野心を悟られず、邪魔されないために、あえて国際社会で目立たず、日米に対する宥和《ゆうわ》姿勢を装ったのです。

中国には「四分の一戦略」をとれ

もちろん現在も、アメリカが経済や軍事の面で最強の大国であることは疑いようがない。それゆえ、当面は日米同盟の「力」は大いに活用すべきです。

とはいえ、先に見た「知性」のレベルのアメリカに、わが国が身の全てを預けてしまうような選択は、まさに「国家百年の計」を過《あやま》つ可能性があることは肝に銘じていなければいけません。

そもそもアメリカはトランプ大統領がいうように、いつでもこの地域から引き揚げることができますが、日本は引っ越すわけにはいかないのです。

民主主義や資本主義の価値観をもつアメリカと、共産主義で一党独裁体制の中国。わが国はまさしく正反対の二つの大国のあいだに生きているわけですが、これからいかなる道を歩み、自国の安全を確立すべきでしょうか。

まず中国との関係の取り方についていえば、共産党の一党独裁が続くかぎり、日本にとって究極の脅威でありつづけることを念頭に対処すべきです。そこで、これは私の造語ですが、日本は「対中・四分の一戦略」を保持し続けることが不可欠です。

中国はいまだに六％台の経済成長を続けていますが、社会としての未来が安泰かといえば、必ずしもそうではありません。二〇一七年の一〇〇〇人当たり出生率は一・二四％を記録し、日本の一・四三％をも下回りました。すでに一人っ子政策を止めた中国ですが、先進国と同様、少子高齢化は経済の成熟を裏付けるものであり、国民の暮らしが豊かになるほど、この傾向は進むと思われます。

ただ少子化は労働力不足や省力化を招くだけではなく、個人の自己主張を強める方向に働きます。当然、人びとは同時に政治的不満を強め、中長期的には民主化を叫ぶ声が強まることが予想されます。

さらに、中国はいま「中国製造２０２５」（二〇二五年までに世界の製造業強国入りを実現する）キャンペーンを推進しています。しかし彼らが先端技術や製造業で本気で世界トップをめざすならば、個人のイノベーションや創意工夫が認められる自由な社会が土台にないかぎり、早期に頭打ちになるといわざるをえません。

もちろん私はこの三十年間、アメリカ人が愚かにも信じ込んでいた「チャイナ・オプティミズム（中国の経済が成長するにしたがって民主化も早期に進んでいくはず、と安易に期待すること）」のように、中国がそう簡単に民主化するとはついぞ思ったことがありませんし、いまも簡素に信じるつもりはありません。むしろ中国の場合、経済が混迷し始めたとき、民主化の可能性が出てくる、とずっといってきました。

しかし同時に、中国にはもはや民主化する可能性は皆無で、外からこれを叩き潰すしかないのだ――というトランプ政権下のアメリカに拡がりつつある反動的で極端な「チャイナ・ペシミズム」も間違っていると思います。

そもそも、いまごろ気が付いて、ここまで巨大化した中国を相手にそんな発想をすること自体、幾度も繰り返すようですがもう「遅すぎる」のです。

たしかに、習近平政権下の中国は強権化が図られていますが、共産党支配体制の根幹と底辺をじっくりと見ていくと、それでも少しずつ体制の変質と弱体化が進んでいるのは間違いありません。アメリカのGDPを追い越すといわれる二〇三〇年前後には、中国という巨軀《きょく》もその社会構造が「満身創痍《まんしんそうい》」になり、国内に大きな混乱につながる動きが出てきて、変革が起きる可能性があります。

つまり長期的に見れば、日本は「いまの中国」と連携するのは到底無理だとしても、共産党独裁を脱却した「未来の中国」とは友好的連携を取れる余地がある、ということも忘れないことです。

したがって、安保面ではしっかりと対中抑止策を講じることは必要ですが、性急に目先の感情だけで対中関係を極端に悪化させることは避けるべきです。また、反対に「もはや中国に対抗することは不可能だ」と早々に結論を出し、共産党支配の中国に阿《おもね》って「チャイニーズ・ワールド・オーダー」に呑《の》み込まれる方向に動くことも避けるべきです。

「国家百年の計」とは、まさにこういうことを指すのではないでしょうか。

そして、それまではいまのアメリカのように激発的ではないにしても、当面の中国に対しては時に協調しながらもじっくりと対峙し、繰り返しますが、腰を入れた持久的な対中抑止戦略を採るべきです。

要するに、つねに理性的に対処することが対中政策の肝だということです。

先端技術開発への投資を惜しむな

そこで、私が唱える「対中・四分の一戦略」は、ＧＤＰにせよ防衛力にせよ、中国の四分の一の水準を維持すればよい、というものです。

中国は前述した国内社会の弱点と並んで、じつは周辺にアメリカ、日本をはじめ、インド、豪州、中央アジアのイスラム圏など四方八方に「強敵」あるいは懸念すべき隣人を多数抱えている厳しい環境下にあります。

ですから具体的にいえば、中国のＧＤＰは現在、日本の二・六倍なので、今後は四分の一以下にならないよう、たしかな「経済の再生」が日本にとって何より最優先の対中戦略ということになります。

防衛費についても、中国の軍事費は前述のように日本の三・七倍で、なおかつ中国の空母など増強される海空軍力もメンテナンスが不十分で稼働できないものもありますから、現在の約二倍つまりヨーロッパ・ＮＡＴＯ諸国並みのＧＤＰ二％水準を維持していくことが大切です。

しかし中国が引き続き軍事費を拡充し続ければ、日本は徐々に離されていく。やはり日本経済のＧＤＰ自体を増やして、防衛費の実額を着実に増やしていかなければなりません。

その他の分野でとくに力を入れるべきなのが、先端技術の開発費です。ＡＩ（人工知能）やロボティクス、バイオの分野において、日本はアメリカのみならず中国に大差をつけられています。いずれも、かつて日本の「得意中の得意」だった分野です。

二〇一八年のノーベル医学生理学賞を受賞した本庶佑《ほんじょたすく》氏も、日本の大学の研究費の少なさを訴えていました。このままではいずれ、日本からノーベル賞の受賞者が出てこなくなり、やがてはここでも中国人の後塵《こうじん》を拝するという事態が想定されます。

科学技術力を拠り所にしていた「技術立国・日本」の誇りをさらに失うようなことは何としても回避すべきでしょう。

「敵基地攻撃能力」保持が自立へのリ・スタート

対米関係では、まさにいまこそ新時代の外交・安全保障政策の確立が求められています。

前述のとおり、これまでのようにアメリカに全面的に依存・追随する時代は終わりにせざるをえません。ならば私たちは、平成の三十年間で成しえなかった「日本の自立」への道に向けて、いまこそ本当のリ・スタート（再出発）を期さなければならないのです。

従来の日米同盟では、日本が「盾《たて》」、アメリカが「矛《ほこ》」の役割を分担しており、そのため、日本がいわゆる「敵基地攻撃能力」をもつことは、日米同盟のこの役割分担のバランスを乱すからダメだ、と保守派の日米同盟絶対論者からも繰り返しいわれてきました。

しかし私には、この議論がまったく理解できません。「役割分担が乱れる」ことで、いったい何の支障があるのでしょうか。国際情勢は何が起こるかわからないのです。アメリカが中東問題など他の地域案件に掛かりっきりになる可能性は十分にあるわけで、日米が共に盾も矛も備えて緊密に共同作戦ができることはメリットでこそあれ、デメリットにはなりません。

「日本にはいかなる矛の役割ももたせてはならない」という、日本の無力化という古いアメリカの「対日支配」の政策に追従することしか知らない〝同盟〟論者の議論には、終止符を打たなければなりません。

もちろん『朝日新聞』など、敵基地攻撃能力をもつことは「日本が再び侵略戦争への道を辿《たど》る」ことになる、と反対する日本のメディアもあります。しかし、攻撃が「できる」のと「する」のは天地の差があり、主権国家にとって当然の抑止力をもたない日本は、アメリカに見捨てられたとき、むしろ決定的なリスクを抱えることになります。

そこまで考えて、いま敵基地攻撃能力の整備に着手することは、まさに「国家百年の計」といえます。

現在、日本は敵基地攻撃能力による抑止力をもたない代わりに、アメリカから陸上配備型迎撃ミサイルシステム「イージス・アショア」を購入しています。一説には配備に四〇〇〇億円以上を費やすといわれますが、この額は日本が普通の長射程巡航ミサイルなどで敵基地攻撃能力をもつために要する額の一〇倍ないしは数十倍に当たります。

しかも専門家によれば、イージス・アショア・システムのミサイル迎撃の精度は現実には「心許ない」という。安倍＝トランプの蜜月関係から「高い買い物」をさせられることになりかねません。

このような不条理な買い物も、同盟の枠内で日本の自立防衛能力を不断に向上させる大目標を追求することで、今後は減らしていかなければなりません。

「保守の矜持」はどこへ？

今後は安保・防衛面に限らず、より広く自立という国としての目標を、日本人はもっと意識すべきです。

その「日本の自立」を中心で担《にな》うはずの保守の言論についても、課題があります。

三年前の日韓慰安婦合意や『戦後七十年談話』における「反省と謝罪」をめぐっては、保守陣営のなかには内容の吟味を問題とせず「安倍さんがやったことはすべて受け容《い》れる」という無原則な態度が垣間見られました。

いまも北方領土問題で、実質的に国後《くなしり》、択捉《えとろふ》二島の放棄につながりかねない安倍外交の対ロ接近の動きや、保守陣営が反対してきた移民政策への大きな転換を意味する安倍政権の新方針にも、保守論壇からは強い反対の声は聞こえてきません。「保守の矜持《きょうじ》」はいったいどこにいったのでしょう。

もちろん私自身、安倍首相が本来の憲法改正に向かうかぎり支持を寄せるものです。しかし「日本の自立」という国家百年の選択――領土や移民、歴史問題はその最たるものです――に鑑み、あえて厳しい目を向けることも大切なのです。

自立は自前の力すなわち「自力」と、自らへの誇りすなわち「自矜」を抜きには成しえません。防衛力や科学技術の開発力、とりわけ情報収集力という「自力」がなければ、いくら自立を叫んでも絵に描いた餅です。私は第二次安倍政権の発足当初、「国家的なインテリジェンス機関」の創設を安倍政権に期待していましたが、しかし五年たったいまも実現していません。

自虐や自嘲《じちょう》は、国と個人の成長を妨げるものです。戦前そして昭和・戦後期の日本人は、つねに誇りと矜持を胸に秘めていました。だからこそ、日本人は個人としても強かったのです。

たしかに戦前日本は時には間違った選択もしましたが、それはあくまでも「判断の誤り」であって、一人ひとりの精神においては決していまほど歪んでいなかった、といえるでしょう。

他方、現代の日本人は左右を問わず自らの思考を放棄し、自虐や追随、他国や他者への依存に恥辱や疑いを感じなくなっています。苦しくても自立する、それはこの日本と自らのため、という「自矜の心」が今日、われわれのあいだから失われている気がしてなりません。

人が「生きる幸福」は、モノの豊かさや便利さだけで得られるものではありません。それは自己に対する充実感であり、突き詰めれば「自分の足で立っている」という自信と誇り、そして喜びなくして本当の幸福感は得られない。アメリカにも中国にも臆することなく物を言う、誇り高き「自立の感覚」をもう一度、この国に蘇らせることこそが、次世代の日本人に遺すべき何よりの財産といえるのではないでしょうか。

第二部

見え始めた本当の夜明け——「歴史の吊り橋」を渡る二〇二〇年代

第五章

戦後七十五年の日本は合理主義の精神に目覚めるとき

暴走の中国、迷走の米国、ゆでガエルの日本

このコロナ禍の苦難の年にも、「戦後七十五年」の夏がやってきました。日常では歴史に思いを致す暇《いとま》のない日本人も、とはいえ今年の八月という月はあの大戦について、あるいはその後のわが国の歩みについて、とりわけ思いを馳《は》せるべき秋《とき》であろうと思います。

七十五年というと終戦から三・四半世紀が経ったわけですが、周知のように、私たちはいま大きな危機に直面しています。いうまでもなく、年初から世界で猛威を振るう新型コロナウイルスによる疫禍《えきか》です。しかも七月に入ると、九州を皮切りに日本各地が大水害に見舞われました。明らかに地球環境の変化に起因する気候変動の一端と思われます。

さらに加えて折から、首都圏を中心に直下型大地震や、列島各地にプレート地震の「胎《たい》動《どう》」のような現象も次々と報じられている。私はかねてより、令和日本の最重要課題の一つは自然災害との向き合い方だと指摘してきましたが、あろうことか今年はそれが未知の感染症の襲来と重なってしまいました。

そこに、進行する人口減少と日本経済のかつてない後退が見え始めている。たしかにこのように見てくると、わが同胞の日本人が直面する「時代の辛苦」を前に、やりきれない

思いに駆られます。

もちろん偶然のなせる業《わざ》でしょうが、日本の元号とはあたかも不思議な力を有しているかのように、わが国は御代替《みよが》わりの年あるいはその前後の年に、次の時代を通じ、長きにわたり解決に取り組まなければならない大きな危機と巡り合わせることが多い。

明治から大正、そして昭和の御代替わりもそうでありましたが、記憶に新しい昭和から平成に移ったタイミングでいえば、国内ではバブルが弾けて平成日本の大課題となった「失われた○○年」という長期の経済不況に遭遇《そうぐう》し、世界では冷戦が「終焉」して各地で国際秩序の流動化が始まり、わが国も中国・北朝鮮の脅威に直面する時代が始まりました。

ならば今回、平成から令和へと時代が移った際も、まさにその直後にこのコロナ禍に遭遇した私たちが取り組むべき課題とは何か。現在の日本を取り巻く危機的環境を整理すると、まず挙げざるをえないのが、コロナ禍をはじめとする各種の災害への対策であり、加えてこの二〇二〇年に明白となった、香港での民主派弾圧をはじめとする隣国・中国のいわゆる「暴走」と、未曾有の激しさを帯びた米中両大国の対立です。

戦後七十五年の今年ほど、日本人の多くが中国という国の振る舞いの特異性を強く認識した年はありません。全世界を巻き込んでパンデミックとなったコロナ禍も、もしも一カ月早く中国がその情報を隠蔽《いんぺい》せず、国際社会と共有していれば、人類はこの世界史的な危機を少しは抑制できていたかもしれない。

さらにその後、中国はいち早く「自国の感染は収まった」と内外に喧伝《けんでん》したうえで、日本の苦境を見透かしたかのように尖閣諸島に圧力を加え、他方、インド国境や南シナ海でも同様の動きを見せるなど、各地で戦略的な逆攻勢に出ている。

二〇一八年十月のペンス米副大統領の演説を境にして、トランプ政権は中国にきわめて強硬な態度を示してきました。急激かつ過激とも受け取れる対中包囲網の動きには時に首を傾《かし》げざるをえない面もありましたが、今年になってコロナ危機と香港への国家安全維持法の適用を強行して以後、このアメリカの対中戦略にも多くの国が賛同し始めています。

これまで中国に依存していた医療機器・用品をめぐるサプライチェーンの見直しも始まっており、今後の中国に対する国際世論はアメリカのスタンスに寄り添う流れで動いていくでしょう。

しかし、そのアメリカの現状も安心できるものではありません。オバマ・トランプ両政権下での「アメリカの行方」をめぐる危うさと頼りなさは本誌でも重ねて論じてきましたが、大統領選挙の今年（二〇二〇年）、白人警官による黒人（アフリカ系アメリカ人）殺害事件への世論の激しい反発、すなわち「ブラック・ライブズ・マター（ＢＬＭ）運動」からもわかるように、アメリカ国内の分断は深刻の度合いを増している。

しかし日本としては、ここはどうしても「唯一の同盟国」に立ち直ってもらわなければ、中国の脅威は世界各地に照射し、安全保障だけではなく自由や人権といった基本的価値観、すなわち日本が依拠する基盤が危うくなります。

こうした一歩間違うと国の存立に関わる危機は、国際関係に留まりません。国内に目を向ければ、とくに日本の経済と社会の将来見通しは暗い。

経済同友会前代表幹事の小林喜光氏は、よく比喩に「ゆでガエル現象」との言葉を用いています。熱湯にカエルを入れると驚いて飛び跳ねるが、冷たい水から徐々に加熱すると温度変化に気づかぬままゆで上がってしまう。小林氏は日本経済も「ゆでガエル」となる危険性を訴えていますが、たしかに日本がこの数十年、先延ばしにしてきた各方面での大きな改革をしなければ、令和の日本はまさに「ゆで上がってしまう」ところまで来ています。

世界経済がコロナ禍から復調したとき、はたして日本は決定的な後れをとらないと断言できるのか。リーマン・ショック後の二〇一〇年代の日本のように、時代が求める変革ができずに世界から取り残されてしまわないか。コロナ禍により、これまでの一方的なグローバル化の流れが反転に差し掛かっているのは明白です。

日本企業は、当然のことと思ってきた世界の市場の一体性が分断されていく〝ニューノーマル（新しい現実）〟としての「ポスト・グローバリゼーション」という大きな歴史の潮流に、いかに対応していくのか。戦後七十五年を迎える今夏に、かつてなく真摯《しんし》に問われるべきテーマです。

新たに明示すべき国家目標とは

このとおり、わが国はいよいよ大きな曲がり角に差し掛かっています。私たちは時代の要請として、まず何よりも衰え始めたこの国の国力の再建を急がなくてはなりません。もはや「経済大国」とはいえないほど、日本社会の各種のシステムが劣化しているのですから。

経済力なくして日本の復活はなく、また安全保障の推進や、人口減に対処する子育て支援、急速なデジタル化の推進を担う国と地方の行政遂行能力の画期的な向上がなければ、わが国の衰退は加速しつづけ、やがては国として枯死《こし》する危険すら見えてきました。とくにコロナ禍においては、わが国が抱えているこうした根本的課題が次々と露《あら》わになりました。この戦後七十五年の夏に、昭和二十年の再出発の歴史に思いを馳せて、謙虚に一つずつ検証のうえで国家目標として新たに明示していく必要があります。

第一に、この間、日本ではＰＣＲ検査の拡充が遅々として進みませんでした。ＯＥＣＤ諸国のなかでも最下層に位置付けられるパフォーマンスで、これでは本格的な経済再開はいつまで経ってもままなりません。諸外国に与える印象も悪く、来年に延期した五輪も世界中からますます不安視されています。

しかも、この半年ずっと「なぜＰＣＲ検査の拡充ができないのか」と国民は問い続けているのに、いまだに納得のいく合理的な答えが聞こえてこない。これでは「先進国」とさえいえないでしょう。われわれの想像しなかったような行政機能の不充分さと情報公開への意識の希薄さが露呈されています。

二つ目に、感染症の陽性者や災害の被災者の隔離あるいは避難施設の全国的な設置を急ぐことです。災害のたびに体育館に「すし詰め」にされる被災者の悲惨な光景や、感染症の隔離施設がないためにＰＣＲ検査を増やせない現状は、どう考えても先進国の話とは思えない。じつに情けないことです。

三つ目に、デジタル化の不徹底も、このコロナ禍のなかであらためて白日のもとに晒されました。

特別定額給付金配布の遅れと混乱は、そもそもマイナンバーカードの普及率の低さに由来するものですが、この時世に、自治体が「オンライン申請はしないように」と哀願し、あえて申請書を国民に郵送させるとは、これも何とも情けなく、二十一世紀の国家とはいえません。周辺国と比べても大きく遅れているＷｉ－Ｆｉ環境の整備も含めて、デジタル化は最優先の国策として取り組むべき課題です。

このように見てくると、私たちはまず「日本はもはや経済大国ではない」と自覚する必要があります。その包括的な認識なくして、もはや惰性で動き回ることは許されません。そのためにも日本人はここでもう一度、徹底した合理主義精神の大切さに想いを致すべきでしょう。

安易な日本賛美論は「B－29に竹槍」と同じ

かように暗澹《あんたん》たる現実に気づかされるコロナ禍の日々ですが、しかしその他方、私は五月下旬のある日、われわれ日本人の本来の心のありようを深く感じさせられる光景――それこそが、この国の最後の「強み」なのですが――を目にしました。航空自衛隊所属のブルーインパルスが、三～四月に現実のものとなった「医療崩壊」のなか、歯を食いしばってコロナ患者への治療に臨む医療従事者に向けて行なった「感謝飛行」です。

当の医療従事者の方々が涙を流しながら、病院屋上で大空に描かれた感謝の軌跡に手を振っていました。あの瞬間をテレビで観た国民の多くは、感動の念をもって受け止めたのではないでしょうか。

それはあたかも七十五年前のあの夏、日本各地が焦土と化しながらも、そこから人びとが心を一つに苦難を乗り越えようと手を取り合った日と重なるように思います。いまや私たち日本人がもつ「最大の財産」が何かといえば、一丸となり戦後の苦難を乗り越えたこの戦後復興の歴史的記憶ではないでしょうか。私はいまこそ、その体験と精神を思い返すべきだと思うのです。

そしてコロナ対応に積極的に取り組み、邁進してきたため経営難に陥《おちい》っている医療機関には、政府と国民は格別の配慮をする義務があることを忘れてはなりません。

新型コロナが私たちに突き付けたのは、結局のところは「日本はこれからをどう生きていくか」という究極の問いです。いま世界中で、「国家」という単位が揺れています。自由主義国家と全体主義国家のいずれが危機に強靭《きょうじん》かという議論も行なわれていますが、いずれにせよ焦点が当てられているのは国家という単位の重要性、そして共同体としての底力です。

そんな局面で必要不可欠なのは、あらためて「国家観」を論じ合う姿勢であり、そのためにはつねに新しい視点から「歴史観」を問い直さなければならないでしょう。歪《ゆが》んだ歴史観しかもたない国民が、どうしてこの激動の時代、「日本国としていかに立つべきか」などと語れるでしょうか。

終戦から七十五年という点で考えれば、戦後の日本の歩みは四半世紀ごとにはっきりとした意味付けができます。最初の二十五年において、わが国は最初の東京五輪やその後の大阪万博をバネに経済を復興していきました。劇的な再生ドラマが現実化した四半世紀といえますが、しかし一方で先の大戦の悲惨さばかりにフォーカスが当たり、「愚かな侵略戦争を反省すべし」という一面的な歴史観や思想も定着してしまった。日本人の歴史観が極端に振れた時代ともいえましょう。

たしかにあの敗戦の悲惨さを考えれば、その直後のこの時代、それはある意味、当然の反応だったのかもしれません。問題はその後の時代にあったのです。

一九七〇年からの二十五年は、世界第二位の経済大国として、バブル崩壊まで「水平飛行」した四半世紀でした。世界が「冷戦の克服」へと向かうなかで、日本も一定の役割を果たし、日米の同盟関係も成熟し大きな成果を生んだ。そしてバランスのとれた歴史観をもつ日本人も次第に現われ始め、日本全体に余裕が生まれた時代でした。

しかしそれは裏返せば、最初の四半世紀の輝かしい上昇を達成したという成果によって、日本人の精神や生活が怠慢《たいまん》あるいは傲慢《ごうまん》になった時代ともいえます。そしてその「大いなる油断」がバブルの崩壊を生み、一九九〇年代半ばから今日までの二十五年の、いわゆる「失われた〇〇年」と称される、繰り返された挫折の時代へとつながりました。

そしてこの三番目の四半世紀を総括することこそ、本稿冒頭で申し上げたとおり、私たちにはもはや一刻の猶予も許されない課題です。

とりわけこのコロナ禍のなかで、あらためて大きく浮上している重要課題は、やはり緊急事態に関わる憲法の問題だと思います。かねてから申し上げているように、私は憲法改正に着手しなければ日本という国は前に進むことはできない、と確信しています。

何よりも現在の日本国憲法には、コロナ禍においても欧米諸国が当たり前のように想定する緊急事態に対処する構えが抜け落ちています。この大きな苦難のなかで、前述のとおり甚大な自然災害に襲われる可能性もあるわけですが、今回は憲法が緊急事態への備えなく、この疫禍を迎えてしまった。いまこそ虚心にもう一度、とりわけ合理的な精神を取り戻してこの憲法問題を考え直す時期です。

粘着力のある精神の大切さ

しかし、そうした本質的な問題に目を向けず、政治家も国民もメディアも強制ではなく

〝自粛〟を中心とした日本独自の手法が奏功《そうこう》したのだ」と安易に唱えている向きがある。この苦難のなかで戦後七十五年を迎えた日本人の責務は、「日本の優越性」とか根拠の乏しい精神主義のドグマから脱却し、もう一度、昭和二十年の廃墟のなかで悟ったあの精神、つまり普遍的な合理主義の大切さに立ち戻ることでしょう。

安易な日本賛美の風潮は、むしろ戦時中にB-29に竹槍で立ち向かおうとし、無残に挫折した「大和魂論」とどこかで共通する危うい考え方のように思います。国力再生のバックボーンは一にも二にも合理主義の思考の復権にこそ見出すべきです。コロナ禍の第一波で広がった安易な「日本モデル論」を目の当たりにして、私は日本はもう一度、普遍的な合理主義の思考を取り戻さなければならないと痛感しました。

また、この危機の最中にあってはこうした議論に耳を傾けますが、日本人は「ノド元過ぎれば何とやら」で、いったん危機が去ると、とたんにこうした問題意識を忘れてしまう。ここでもわが国民性の欠陥を直視して、粘着力のある精神の大切さを強調しておきたいものです。

なぜ保守は安倍談話の欠陥を論じないのか

憲法に話を戻せば、本来それは歴史観に直結する問題です。すなわち改正に関して、まず何よりも深く考慮すべきは憲法と歴史観との関係性です。私は歴史家として、国民の歴史を見る目が歪んでいると、国家に関わる基本的な問題で物事はうまく運ばないのではないか、と思っています。

その観点からいうと、いま憲法改正が遅々として進まないのは、じつはわれわれが自らの歴史と真摯に向き合っていないからではないか、と思うのです。

私見を開陳すれば、私は安倍晋三首相にぜひとも「七十五年談話」を出していただきたいと思うのです。それはひとえに五年前の「七十年談話＝安倍談話」が、じつに不行き届きな内容であったからです。

安倍談話の最大の問題点は、その前後で展開されている戦間期の国際秩序に関する次のような歴史観です。

すなわち、第二次大戦前の世界恐慌で経済のブロック化が進み、孤立感を深めた日本はこうした行き詰まりを「力の行使」によって（すなわち侵略によって）問題を解決しようと試みて、それまで確立していた、第一次世界大戦後の平和を希求する国際秩序に挑戦して侵略戦争を始めるという誤った道を進んだ――。もはや詳しく引用するまでもありませんが、これが安倍談話の一番の要旨であり、この歴史観は、いわゆる東京裁判史観そのものです。

しかも談話の後段では「繰り返し、痛切な反省と心からのお詫びの気持ちを表明」しており、前後の侵略戦争論と併せて戦後五十年の村山談話を揺るぎなく踏襲《とうしゅう》しています。

さらにこの安倍談話を発表した翌月（二〇一五年九月十八日付）の閣議答弁書に目を通すと、日本が行なった行動の「中には『侵略』と評価される行為もあった」とし、こうした侵略戦争を行なったことを「率直に反省し、これからも、法の支配を尊重し、不戦の誓いを堅持していく、ということこそが、今回の談話の最も重要なメッセージである」と記してある。最低限、この答弁書だけは安倍首相自身の責任で修正してもらわないと困るのです。

現政権が他の分野でいかなる業績を残そうとも、安倍談話とは、まごうかたなき侵略戦争論だといわねばなりません。この一点において、後世の歴史家から永続的な非難を浴びることになります。それゆえ、いまからでもぜひ、修正の談話を出していただきたいと思います。

私がこれほど安倍談話を問題視するのは、次のような三つの問題があるからです。

一つは、当然、こうした歴史観は二十世紀世界史の実像とは大きくかけ離れたものです。大きくいえば、二十世紀の二つの大戦は覇権の争奪とイデオロギーの優劣をめぐる、いわゆる「帝国主義」戦争だったのです。加えて今日、二十一世紀に入って新しい歴史研究により、安倍談話のようなこれまでの古い歴史観とは異なる見方が次々と力を得てきています。

たしかに悲惨な戦争で多くの犠牲を招いたこと、誤った大陸政策や軍部の政治介入を許したこと、また対米外交・戦略の拙劣さなど数々の愚かな選択を重ねたことなど、反省すべき点は数多《あまた》ある。しかし国家指導者自らが、かつての戦後期のように戦争の「反省とお詫び」を繰り返すには時が経ちすぎており、他方、あの戦争の歴史を政治家が総括するのは適切ではなく、歴史の評価は歴史家に任せるべきなのです。

二つ目に、戦後七十年たっても自らを断罪し、このような侵略戦争観を世界にアピールする理由が、いったいどこにあるのか、ということです。むしろこのような談話を放置しつづけると、中国や北朝鮮、ロシアの独裁者によって対日侵攻の口実に利用され、日本が二十一世紀の世界で生存を否定されかねないような苦境に陥る危険が増大するだけなのです。

そして三つ目には、このような誤った歴史観をもつ以上は、憲法は改正できないばかりか、むしろそれなら「改正すべきではない」ことになるからです。

安倍談話とはつまるところ、日本はナチス・ドイツと同様の侵略戦争を行なった悪辣《あくらつ》な過去をもち、経済が苦しくなれば武力に訴えかねない国だと自ら認め、今後もそのことを胸に刻んで生きてゆくべし、と国民と世界に宣言しているものです。

そんな国が憲法を改正して軍隊をもつというのであれば、それは理に適《かな》った選択とはいえません。いうなれば、安倍談話の歴史観と憲法九条の改正は絶対に両立しえないのです。まずどちらか一方を（つまり安倍談話を）撤回することによってしか、日本は前に進めないことは明らかではないでしょうか。

私は五年前からこの点を強く指摘していますが、日本の保守論者の多くは、この点を見てみないふりをしているのか、改憲する前にまず行なわれるべき談話の修正を求めずに、憲法改正だけを叫んでいる。それは歴史観と国家観の本質的な結びつきを無視した軽薄《けいはく》な振る舞いですが、おそらく彼らは憲法改正を政治論争、あるいは政局としてしか見ない「政治屋」たちの営みに巻き込まれているのでしょう。

在りし日の小林秀雄や江藤淳ならば、断じてそのような矮小な政治に妥協せず、憲法以前に歴史観の問題がある、として食い下がったはずです。

憲法改正のためには、少々いい加減な歴史観で決して満足はできないが、改憲をリードしている安倍首相を支持しようと考えたのであれば、まことに残念な精神の堕落です。

また、保守を自任するのであれば、コロナ禍で多くの課題が噴出し、日本が大きな危機に直面するいま、国家として何を最後の拠《よ》りどころにすべきかを考えなければいけないのではないでしょうか。私は、それは何を措《お》いてもまず、もう一度しっかりと歴史を論じることなのだと思います。

そもそも歴史観とは、時代とともに然《しか》るべき方向へとかたちを変えるべきものです。ヨーロッパではかつて「侵略国家」といえばナポレオン戦争を行なったフランスでしたが、第一次・第二次世界大戦を経てドイツがその座に収まった。

そして昨年（二〇一九年）、ＥＵの欧州議会がナチス・ドイツといわば「同罪」の責任があるとして、新たにスターリン批判を打ち出し、先の大戦ではソ連共産主義あるいは連合国にも侵略行為が認められる、とする歴史決議を挙げています。

おそらく二十一世紀の今日、もしも後世の歴史家に断罪されるような「次の侵略戦争」を始める国があるとすれば、それは中国とロシアでしょう。そうなれば、中国やロシアは「加害者」、日本は「被害者」の側に身を置くことになり、安倍談話のような歴史観はまったく根拠を失うはずです。

いずれにせよ、世界が時代に合わせて歴史観を「適切」に変えていくなか、古い歴史観がこれだけ大手を振ってまかり通り、それゆえに国の針路がこれだけ足踏みするのは日本だけなのです。

ただしここで一点、ぜひ強調しておかなければならないのは、歴史研究の新潮流に注目するのは大切ですが、いわゆる歴史修正主義と受け取られるような、いい加減な議論をしてはいけないのです。何よりも知的で、かつ厳密な学問的・実証的根拠に基づき、公正かつ常識と広い視野をもって歴史を考え直す姿勢が大前提であり、日本の保守は歴史観においても強靱な合理主義を失ってはいけないのです。

米中双方からの自立を果たすべきとき

国の針路にまつわる問題では、歴史観を考え直すにせよ、憲法改正について考えるにせよ、あらゆる物事を検討するうえでつねに「現代性」を意識する必要があります。いま日本の進路ということでいえば、冒頭で申し上げたように差し迫って米中という二つの超大国との関係性を考慮しなくてはならないでしょう。

長期的には、世界中でパックス・アメリカーナが退潮に転じているのは明らかです。日本は二十世紀半ば、まさしく世界の覇権をめざし、いっそうの強盛に向かっていた当時のアメリカと不幸なかたちで出会いました。

翻って現在、私たちにとって衰え始めたアメリカは何があっても支えなければならない不可欠な同盟国です。それは、民主主義や法の支配という最も重要な価値観を共有しているからです。

それとは逆に、価値観が対立するアメリカの一日も早い「退場」を願っているのが共産党政権の中国です。もちろん、経済や人の交流等で中国との関係を維持することは日本の大切な国益ですが、私たちが何にもまして大切な価値として自由と民主主義を標榜《ひょうぼう》する以上、必要に応じ、アメリカとともに中国と対峙するという選択を避けるわけにはいかないのです。

しかし、次のことも決して忘れてはいけないはずです。あの夏から三・四半世紀が経ついまなお、「戦後」という言葉が用いられていますが、私たちが本当の意味で戦後から卒業するのならば、「自立」を果たして国家としての尊厳を取り戻さなければなりません。そして、その自立も「現代性」をもった志向に支えられなければならないのです。すなわち、いまやアメリカのみならず「中国への依存」からの脱却も不可欠です。

日本の民主主義はアメリカが与えたものではない

戦後日本の歩みを考えると、先に見た第二の四半世紀（一九七〇―九五年）に、何よりも自立を優先して希求すべきでありながら、歪んだ歴史観のゆえに「アメリカの傘」の下でしか生きられないというジレンマを抱えていっそうの対米追随にのめり込みました。

他方、高度経済成長を経てバブルが崩壊し、デフレ脱却に迫られた平成の時代、日本は経済をはじめ多くの側面で中国への依存を深めました。たしかにそれは当初、アメリカへの依存の陰に隠れていました。

しかしその危うさが、アメリカが衰退を始めたなかで、習近平政権の中国が「暴走」を始めたように見えるいま、はっきりと表面化してきました。昨年来の議論で、安倍首相が推進している習近平国家主席の「国賓訪日」をめぐっても、日本政府当局はワシントンと北京の双方の目線を意識せざるをえない不健全な状況のなかで動揺し続けました。

私は憲法改正とは、九条や緊急事態条項などその内容もさることながら、大切なことは日本の民主主義をいかにして守り、そのなかで国運を切り拓いてゆくか、ということだと思います。そして、そこでわれわれが堅持しておくべき大切な歴史観として、日本の民主主義は必ずしもアメリカに与えられたものではなく、遡《さかのぼ》れば伊藤博文《いとうひろぶみ》や原敬《はらたかし》、濱口雄幸《はまぐちおさち》、高橋是清《たかはしこれきよ》などの民主的リーダーが一身を賭して育《はぐく》んだものだと再認識することです。その自信と決意を新たにしたうえで、断乎《だんこ》として憲法改正に臨むべきだと思うのです。しかし戦後の日本人が抱いた、あるいは抱かされた戦後日本の古い歴史観においては、民主主義すらも「アメリカに与えられたものだ」という現代日本の歪んだ歴史観を出発点にしています。

いまこそ、こうした古い歴史観の刷新を通じてこの呪縛を払拭しなければ、日本人が本当の意味での自信や自覚を取り戻すことはできません。

分断こそ民主主義最大の敵

そのときにゆめゆめ忘れてはならないのが、繰り返すようですが普遍的な合理主義の精神に立ち戻り、日本人の一体感を基礎とした合意形成に取り組むことです。憲法改正でいえば、しばしば「改正すれば日本は戦前に戻ってしまう」という議論がありますが、もし本当にそのような復古主義の憲法改正であれば、世代交代の進んだ今日、国民の合意は到底得られません。

コロナ禍以降のアメリカを見れば明らかですが、現在の先進民主主義国で非常に大切なことは、国内の分断を起こさないことです。その意識が欠けていれば、いつしか国家がポピュリズムに乗っ取られ、民主主義は内部から蝕まれていく。こうした過激なポピュリズムの脅威は、「中国の脅威」と比べても勝るとも劣りません。

喫緊のコロナ対策と同様、歴史観の成熟やそれに裏打ちされた安全保障の整備にしても、「なぜそれが必要なのか」をあらゆる側面から誠実に弛《たゆ》まず議論する必要があります。すなわち、いま日本は情念ではなく、この未曾有の苦境からの脱出に不可欠である合理主義的な、また分断を深めるのではなく、社会の一体感を基礎とした議論が求められているのです。そもそも神学論争のような古い憲法論争を繰り返すようでは、かえって分断を助長することになります。

繰り返しますが、このかつてない歴史的な危うさを宿《やど》した状況下では、今後、あらゆる問題は国民の分断を起こさせないかたちで議論を進めていく必要があります。事態がここまで切迫してきた以上は、もはや昂《たかぶ》った、観念的あるいは情念的な議論とは訣別しなくてはならないのです。現在の、まさに進退窮《きわ》まるような危機のなかで迎えている「戦後七十五年の夏」は、強靭な合理主義に目覚める秋《とき》とすべきなのです。

第六章

米国の難局と「責任ある保守」の時代

バイデンのメッセージと待ち受ける苦難

二〇二〇年十一月三日に行なわれた米大統領選挙を振り返ると、アメリカにとってまさしく歴史的意味をもつイベントだった、と評することができます。

通常のアメリカの大統領選であれば、私は「日本の安全保障」という見地から、共和党の大統領を望ましいと思うことが多いのですが、今回ばかりは違いました。もしもトランプ氏が二期目を迎えれば、アメリカ民主主義の基礎そして世界秩序の基盤が大きく揺らいだことでしょう。そして、アメリカの国力や覇権国としての衰退は劇的に加速したはずです。

むろん、バイデン政権に交代したからといってアメリカの分断と世界の混迷が「V字回復」するかといえば、それはまた別問題で、別途、詳しく検討する必要があるでしょう。それでも、昨年（二〇二〇年）十一月七日の夜にデラウェア州の会場で開いた陣営の勝利集会で、バイデン氏が近年のアメリカ政治史に残る演説を行なったのは事実です。

日本ではあまり注目されませんでしたが、スピーチでは二つの点が強調されました。一つは「中産階級の再建」です。これは、かつてのオバマ政権も唱えて頓挫《とんざ》し、いまや多くの先進国にも共通する世界的テーマですが、バイデン氏はこのメッセージにより、ブッシュ（息子）政権時に進み、オバマ＝トランプ時代にも続いた新自由主義に立脚する市場原理主義を排するとともに、党内のバーニー・サンダース氏やエリザベス・ウォーレン氏のような急進左派的な「社会主義」と一線を画する態度を明らかにしました。

サンダース氏が唱えるようなやり方で分配を平等化して格差を減らそうとしても、皆が一緒に貧しくなるだけですから、中間層の再建にはつながりません。つまりバイデン氏は、市場経済の基本的枠組みは堅持したうえで、国民を古臭い「社会主義」には連れていかないと宣言したのです。

もちろんバイデン政権は、こうした党内左派と、議会を制する可能性も残っている野党・共和党との二正面作戦を強いられるはずの日々の政策運営では苦戦を強いられるでしょうが、世界に先駆けて「中産階級の再建」「穏健な市場経済主義」という次の時代のパラダイムを世界に印象づけていく方向に舵を切ったことはたしかでしょう。

また、バイデン氏は「アメリカを再び世界中で尊敬される国にする」と宣言しました。「Make America respected in the world again.」が実際の言葉ですが、トランプ氏が盛んに叫んだ「Make America Great Again.」を「禍々《まがまが》しいものだった」と定義したうえで対比させる意図があったのでしょう。

トランプ政権下のこの四年間、大統領の危うい振る舞いによって、世界でのアメリカという国のイメージが大きく傷ついてしまったことから、心の奥底で「再び世界から尊敬される国でありたい」という衝動を抱えてきた多くのアメリカ国民にとっては、これはまさに琴線《きんせん》に触れる言葉でした。

バイデン演説の大きな方向性は、世界の安定と日本の国益にも資する内容だと評価できます。とはいえ、新政権の前途には大きな障害があるのも事実です。前述の二正面の敵に加えて、あるいはそれ以上の難敵が待ち受けていることでしょう。トランプ氏が選挙戦後半から最終盤にかけて巻き起こしたあの「赤い旋風《せんぷう》」は、トランプ氏の再登場の可能性もなくはないことを示しているし、たとえトランプ氏が政局の表舞台から退場しても、いわゆる「トランプ主義」に対してアメリカ国民の半数近くが執着し続けるだろう、ということを意味します。

現在のアメリカは人種や階級、地域、価値観やイデオロギーなどあらゆる局面で亀裂が生じています。アメリカの政治と社会における現下の党派対立は、歴史上多くの大国を衰退に追いやったほどの病的なレベルに達していると評してもいいかもしれません。ですから、バイデン政権がこの難局を乗り越えられるかといえば、些《いささ》かの予断も許しません。

「偉大なる後進国」アメリカ

私はこのたびの大統領選挙で、アメリカはいよいよ大きな「外科手術」が必要な歴史的段階に差し掛かっている、との思いを強くしました。

アメリカとは、そもそも「偉大なる後進国」です。すなわち、いまも偉大な国であることは間違いありませんが、よく見れば二百年前に設計された政治・社会制度が国の随所に残り、二十一世紀の先進国とは到底いえない社会的矛盾を孕んだまま手つかずで放置されている。

銃規制は依然として進まず、先進国として当たり前の近代的な公的医療保険制度もいまだに整えられていない。そして今回、白日の下に晒《さら》されたように、選挙制度にも近代国家として深刻な不備がある。アメリカは建前上、連邦制を採っていますが、いまや現実問題として、明確な中央集権国家と定義してもよいでしょう。ところが、選挙制度は二百年前の「州権国家」の時代に取り残されている。とりわけ、あの悪名高き選挙人制度など、各州の代表者がワシントンに馬車で赴《おもむ》いていた時代の名残りです。

こうしたいくつものアルカイック（古拙《こせつ》で超時代遅れ）な制度を変えなければ、アメリカが二十一世紀の半ばまで世界の超大国として君臨し続けることは難しいでしょう。

たしかに、それはあの国にとってたいへんな自己改革を意味します。しかし、象徴的なたとえを用いるならば、現代のアメリカはかつて明治維新期の日本人が髷《まげ》を切って洋服を着たように、怯《ひる》むことなくドラスティックな「現代化」のための自己変革を急ぐべきなのです。だが、それを拒んでいるのが、前述の「党派」による分断・対立にほかなりません。

保守の新世代が台頭している

加えて、今回の大統領選挙では、アメリカ国民の人種・世代・階級などに関わる構造的変化が顕著になりました。今日のアメリカ人は、もはや「パクス・アメリカーナ」が隆盛を極めた時代のアメリカ国民とは明らかに異なります。

選挙ではヒスパニックをはじめとする有色人種が保守化してトランプに投票したとされますが、これは裏を返せば今回、バイデンは白人票に支えられて勝利したということです。すなわち、現在のアメリカでは人種はその人の個人的バックグラウンドを意味するだけで、政治とは切り離されつつある傾向が強まっているのです。

この数年、アメリカの各種メディアでは、有色人種に職を奪われる白人の危機感が右派ポピュリズムを生み、「トランプ現象」を引き起こしたと語られてきました。こうした米主要メディアの言説では、右派ポピュリズムのなかの極端な部分には「白人至上主義がある」とされ、今回それが「ブラック・ライヴズ・マター（ＢＬＭ）運動」と衝突し、分断を深めていると指摘されています。

たしかに、現象面ではそうしたことが各地で起こっていました。しかしより深く見ると、アメリカ社会の底流にはもっと注目すべき変化が起こっているように見えます。

白人至上主義は古い世代の一部の極端な人たちが目立とうとする最後の残り火にすぎず、他方で今回の大統領選挙では、前回よりも白人有権者、とくに若い世代の白人の多くが、じつはバイデン氏に投票しました。また、前回二〇一六年の選挙でトランプ氏の勝利に貢献した中西部「ラストベルト地帯」の白人労働者が、今回はバイデン氏にも投票し、その勝利につながったといわれています。

つまり、アメリカの白人の多数は、徐々に人種や世代等の多様性をかつてなく深く受け入れ始めていることを示していると思います。そしてこれは、アメリカの社会だけなく、世界に対するアメリカの姿勢、関わり方にも影響を与えることになるでしょう。

私は長年、大国の興亡の歴史を研究してきましたが、興味深いことに、世界大国といわれた国の多くは、国内の人種的・社会的な多様性が増すと、その度合に応じて多極化した世界をスムーズに受け入れるようになる習性があります。

現在でいえば、トランプ氏が掲げた「アメリカ・ファースト」は、本来どの国も〝第一〟に優先させている国益志向ということからいって当たり前で別段間違ってはいないし、それが必ず孤立主義に結びつくわけではなく、国益志向を強めるアメリカが、それゆえに国際社会のなかで、いわゆるone of themとして協調路線を歩むこととまったく矛盾しない。各種の世論調査を見ても、そう考える国民が、とりわけ若い世代のアメリカ人のあいだで増えているのです。

トランプ氏のように、MAGA（メイク・アメリカ・グレート・アゲイン）つまり古い発想による排他的な意味での「自国第一主義」は、むしろ国益を損なうことは明らかです。それでいま、ワシントンなどでは水面下の動きとして、知識人のあいだでかつて穏健な保守派のスローガンだったenlightened self interest、すなわち「啓蒙された自己利益」を新しいバージョンで追求すべきという考え方をもつ保守の新世代が台頭しているように見えます。

日本からすれば怖い側面も

たしかに今後、民主党左派や共和党内の右派ポピュリズムからの圧力によって時に起こる揺り戻しを受けて、こうした「より新しい保守」の流れがどうなるかは予断を許しません。それでも、同様の動きはトランプ登場と同じ二〇一六年、一時的な右派ポピュリズムの盛り上がりで「ブレグジット」（EU離脱）を選んだイギリスでも最近の新しい底流として見られます。

国益志向を強める新しい世代の保守のリーダーや世論のなかには、現実主義的な立場から徐々に「EUへの復帰」を考える動きが出てきています。またそのなかには、極端な市場主義経済の手直しの必要を求める議論も勢いを増してきました。

アングロサクソン社会の主流が、もはや「古い新保守《ネオコン》」となっているレーガン・サッチャー的保守から数十年ぶりの大きな移行への過渡期に入っているのは間違いありません。

以上を整理すると、今回の選挙ではき違えてはいけないことは、「アンチ・トランプ」の流れのみでバイデン氏が勝利したわけではない、ということです。そのような単純な行動原理だったならば、若い世代はバイデン氏も「古い政治家」として拒否したはずです。

四年前の大統領選挙でヒラリー・クリントン氏が敗れたのは、本来、民主党に投票する世代に見放されたからだということは、統計的に明らかになっています。

冷戦時代を知らない若い世代は、保守やリベラル、右や左という「大状況」的な仕分けで物事を見ていません。彼らは個人主義的な志向が強く、そこからさまざまなイシューを個別具体的に、経験主義や合理主義に即して判断しています。

バイデン氏がリベラルだから支持を集めた、というわけではなく、たとえば地球環境問題などイデオロギーに関係ないテーマにおいて、つまり保守やリベラルに関係なくバイデン氏の政策がそれ自体の、個々のメリットで支持されたという見方が正しいのでしょう。これが現在のアメリカの四十代以下の世代の支配的な思考、行動原理になっているように思います。

ただそれは半面、日本からすれば怖い側面もあります。たとえば、日本の防衛努力が足りず、在日米軍などの負担が大きすぎるから、と「合理的」に考えて、その軍事力や配置の仕組みそのものを変えかねない危険性を孕《はら》んでいるからです。これはあくまでも一例ですが、私たちはいままで以上に、アメリカの新世代の発想と行動を注視しなくてはなりません。

オバマの時代とは一線を画すバイデンの対中戦略

バイデン氏のアメリカが誕生することになった現時点で、日本のみならず世界が注視しているのは、いうまでもなくその対中政策、そして「米中覇権競争」の行方です。

バイデン氏は対中政策においても、トランプ政権とは一変して同盟国との連携を大きな柱にすると見られますが、とくにヨーロッパとの同盟関係は再活性化するはずです。

その場合、英仏独などNATO諸国は対中国ではアメリカの立場に近づき、他方の対ロシアでは、バイデン政権はトランプ氏の親プーチン路線を一転させ、欧州諸国の「対ロ強硬」の立場に接近すると思います。これらは、日本にとっても好ましい方向といえるでしょう。

いずれにしても、二〇二一年はドイツのメルケル首相も退任しましたから、トランプ時代に底辺まで落ち込んだ米欧関係の「グレート・リセット」には格好のタイミングです。

日本としては、中国問題はいわば国家の存立がかかる地政学的宿命であり、日本の立場をこれまで以上にアメリカと世界に積極的に働きかけていかなければなりません。ブッシュ（息子）政権やオバマ政権の時代、対中戦略は中国の膨張を前に為《な》す術《すべ》がありませんでした。

その間、日本に投げかけられる「中国の脅威」の影は時とともに濃くなったわけで、この時期、私はたいへんな焦燥感をもって見ておりました。それゆえ、トランプ政権の対中強硬姿勢への転換には、一定の共感を覚えました。

だからいま、たしかにバイデン政権の発足に際し、その対中政策の方向性に一抹の不安が残るのは事実です。バイデン氏は上院の外交委員長も務めた外交通ですが、しかしオバマあるいはクリントン政権時代からの垢《あか》をべっとり身体につけており、無意識に親中的なバイアスを残しているかもしれない。その点では、一月のジョージア州での上院選で共和党の上院支配が実現すれば、その有力な歯止めになるとは思います。

また、パリ協定復帰など地球環境問題をはじめとするグローバル・イシューでは、バイデン政権は中国との距離を縮めるでしょう。それでも私は、いわゆる知的財産権や「技術覇権」に関わる経済安全保障の面では、バイデン政権はこれまでの民主党政権とは見違えるような対中強硬姿勢をとると思います。

オバマ時代やトランプの時代と二〇二一年以後の時代で大きく異なるのは、私たちが二〇二〇年という「決定的な年」を経験したことでしょう。つまり、二〇二〇年という年はいうまでもなく、コロナ・パンデミックと大混乱の米大統領選挙もさることながら、もう一つ、つまり「中国の孤立」が鮮明になり始めた年という点でも特筆すべき一年でした。

二〇二〇年十月下旬に開催された五中全会（党中央委員会第五回全体会議）では、習近平政権は「内需拡大」による成長戦略と独自の技術圏の確立を謳《うた》いました。しかし、これはまさに「言うは易《やす》し」です。

私はそう遠くない将来、たとえば二〇二〇年代の後半には、習政権は内外から路線変更を迫られるとみますが、いずれにせよコロナ禍に加えて香港問題、つまり習政権が世界注視のなかで香港の民主的制度への徹底的な弾圧に出たことの衝撃も加わったことで、アメリカや欧州だけでなく、必ずしも公言しなくても、国際社会全体がいま中国に厳しい目を向け始めている。この国際社会の中国への視線という点において、十年前、いや五年前と比べても隔世の感があるといえます。

アメリカ国内においても、もはや中国への強硬路線は党派を超えたコンセンサスになっています。これらに鑑みれば、バイデン政権がオバマ時代のような中国に対する融和（ないし宥和）政策をとるとは考えられません。

また、あらためてトランプ氏の対中国戦略の問題点を振り返れば、まず明瞭かつ強いメッセージで中国に対する「抑止と制裁」の戦略を掲げたことは決して間違っていませんでした。

しかしトランプ政権のやり方は、戦術的にあまりにも拙速かつ拙劣にすぎる場合があり、その結果、アメリカ企業や農業界が返り血を浴び、根回しの不足から日本やEU、さらにASEANなどの周辺諸国も側杖《そばづえ》を食いました。優れたアメリカ外交の鉄則は、つねに「声は優しく、棍棒は大きく」。バイデン政権にはぜひとも、この点を肝に銘じていただきたい。

バイデンのアメリカをTPPに迎え入れよ

以上述べてきたように、中国の抑止とアジア経済の安定の両立が、日米両国にとって最大のテーマの一つです。そして、ここで私が強調したいのは、日本はその「主役」を演じる気概と覚悟をもたなくてはならない、ということです。

アメリカの対外政策は共和党政権であれ民主党政権であれ、どうしても軍事的アプローチに偏ります。しかし、中国に関しては、むしろ本当に備えるべきは軍事的脅威と一体となった政治的脅威です。インド太平洋地域の途上国に対して、経済利益を餌にした政治的な操作（マニピュレーション）によって各国の政治に関与を深め、欧州諸国に対しても民主主義を蝕《むしば》み、破壊していく。

その意味で、たんに中国の海洋進出に安保面での対応が求められているだけでなく、むしろ中国の西、つまりユーラシア大陸方面への勢力伸張こそ「本筋」の問題だという認識を忘れてはならないのです。中国の対米戦略の根本軸は、西回りで「アメリカを包囲する」という線にあると見るべきです。

こうした中国の政治的影響力の増大への対応として、バイデン政権の成立がむしろプラスに働くと思われるのは、当面は難しくとも、やがて何らかのかたちでTPP（環太平洋パートナーシップ協定）にアメリカが復帰する可能性が出てきたことです。

EUを離脱したイギリスもTPP加盟に関心を寄せていますが、仮に米英両国がTPPに入れば、EU諸国もTPPに新たな関心をもつはずです。そうなれば、中国を加入させることのないTPPないしその修正版は、経済的枠組みから〝ノン・チャイニーズ〟の政治的枠組みへと姿を変えます。

中国はこの点を見据えているがゆえに、十一月のAPEC首脳会談で、習近平主席自ら中国は「TPP参加を積極的に検討する」とアドバルーンを上げたのです。もちろんその真意は「拡大TPP」への牽制にある、と見るべきでしょう。

他方、やはり同年の十一月、RCEP（東アジア地域包括的経済連携）の発足が合意署名されました。ASEAN諸国（一〇カ国）に日韓豪ニュージーランド、そして中国など一五カ国による経済的枠組みですが、こちらはアメリカとインドが入っておらず、下手をすれば「中国中心のインド太平洋経済圏」が築かれる契機になりかねません。

ＲＣＥＰの中国支配を阻止し、この二つの経済枠組みのあいだのバランスをとるためにも、アメリカをＴＰＰに引き入れることが日本にとって最善の目標となるでしょう。そのうえで、ＲＣＥＰとは異なる高度で緊密な自由貿易圏としつつ、同時にグローバル・イシューや外交テーマを含めたＴＰＰの拡大・深化を図り、やがてはＡＰＥＣよりも効果的な政治的メッセージを発することができる組織にもっていくのが理想的でしょう。

もちろん、日本経済にとって中国との関係は深く、日本の国益に鑑みれば、いまの日中の経済関係の基本は守っていかなければならないでしょう。しかし他方で、コロナ禍がはっきり示したように、重要なサプライチェーンの対中依存は極力減らしつつ、同時にいわゆる機微《きび》技術に関わる経済安全保障には堅実に対応していく必要があります。

他方、防衛・安保面での中国の抑止も待ったなしの課題であり、そのためには米日豪印による四カ国安保対話「クアッド」の活用も重要でしょう。

いずれにせよ、日本は米民主党内の「親中遺伝子」が目覚めないように、バイデン政権にはつねに粘り強く働きかけ続けなければならないのです。

日本が発するべきメッセージ

このように二〇二〇年を通じ、現実となったアメリカの政権交代や中国をめぐる国際情勢の大きな変化を踏まえつつ、最後に日本の進路に求められる大切なことを考えたいと思います。

まず日本にとっては、コロナ禍の対応と経済の立て直しの二つに並んで、これまで述べてきたような東アジア秩序の大きな流動化に伴って起きている、尖閣諸島や台湾をめぐる「予想される危機」への対応が重要な当面の三大重要課題です。

また、現・菅政権はデジタル化の推進と地球環境問題への取り組みについても意欲的に取り組む姿勢を見せており、これらはスローガン倒れにならず、着実に進めてもらいたいところです。ただ、当面の個別イシューや現実に迫られている個々の政策課題に取り組むだけでなく、より大きな視野から二〇二〇年代の「日本の目標」を示す必要があると思います。

そして私が考えるその目標は、一言でいえば前述のとおり、小林喜光・前経済同友会幹事がいうところの「ゆでガエル日本」が、まさしく待ったなしで必要としている「国力の再建」です。

その「国力の再建」という最重要テーマを推進するうえで大切なこととして、菅政権には大きな国家像や国家戦略など長期的な日本の選択を示したうえで、それを政策化するレールを敷き、日本人が努力を集中すべき大きな方向を設定し直してほしいと切に願います。すなわち、国力再建のため「分断ではなく統合」というメッセージを国民に訴えかけるべきでしょう。

コロナ禍を通じて、わが国でも随所に分断の兆しが生まれていることは多くの日本人が感じているはずです。コロナを政局に利用する動きは後を絶たず、日本学術会議の問題でも互いが相手に通じない言葉で応酬している。これでは、パンデミック対策や科学技術を通じた国力の増強という大きな国家目標に向けた健全な議論など、展開できるはずがありません。

二〇二〇年という年が示したのは、レーガンやサッチャーのような新自由主義の時代はいまや完全に終わりを告げているという事実です。これまでの日本では、たとえばケインズ主義的な政策と新自由主義のどちらを選択すべきかなど、理念や経済理論にとらわれた議論が多く語られてきました。

しかし大事なのは、国民生活と政治を安定させて、民主主義の維持が可能な経済成長を達成するという「結果」です。そのときに避けて通れないテーマが、アメリカと同じく格差が大きく広がってしまった現代日本の「中産階級の再建」です。それこそが、安定した民主主義を維持するための必要条件だからです。広がる格差を放置して健全な民主主義社会は維持できないことを、アメリカの例は教えているのではないでしょうか。

それゆえ、いまやまったく新しい時代展望のもとに、ニューモデルの「官民一体」での産業政策や雇用の問題に取り組まなければなりません。その営みなくしては、社会の分断は進み、民主政治を揺るがしかねないポピュリズムを生み出し、国家はやがて内側から瓦《が》解《かい》していくでしょう。

リベラルには担うことができない役割

日本と世界はいま、左右のポピュリズムの脅威に対して真剣に向き合う時期がきたのだと思います。二〇二〇年代は左右が分極化して過激化していく時代であり、その根本要因として経済状況の厳しさが増す見通しが挙げられます。

とくに日本は、欧米社会には備わっている教会のようなボランタリーなセーフティネットが欠如していますから、国民、とくに若い世代のなかには、孤独のなかで「板子《いたご》一枚下は地獄」のような不安に満ちた将来感覚を抱いている方が少なくないかもしれません。その不安感こそが、過激なポピュリズムを誘発する危険因子になり、やがては大きな分断を生むのです。

たしかにわれわれの古い常識では、同調志向の強い日本では皆、同じ日本人として集団意識と価値観の共有のもとに、自然に協調し合う国民性がある。そう思ってきた節がありますが、その常識がはたしていつまで該当するか、真剣に考えておく必要があるでしょう。

私たちは、そうした日本の「暗黙知」にすがるだけではなくて、政策選択の指針として、また新しい時代精神として、より意識的な「共感」と合理的な「啓蒙された自己利益」の感覚を身に付ける必要があるでしょう。少なくとも私は、日本もそういう時代になっているのではないかと思うのです。

最後に強く訴えたいのは、こうした議論は本来であれば、保守が担わなければならないということです。理と情を兼ね備え、「意志」と「共感」を伴った態度で国と国民の未来を考えることは、本来であれば保守の役割であり、進歩ばかりに目を向けるリベラルにはおそらく担うことができない行為でしょう。

その意味で、いまの日本に求められるのは「責任ある保守」であり、もしもその再生ができなければ、やがて左右の分極化やポピュリズムの脅威が高まり、民主主義の揺らぎへとつながります。

歴史上、大衆社会が「危機の時代」に直面すると必ず現れた、深刻な社会の分断と国家の衰亡。この、いわば「先進社会の呪い」としての分断を食い止めて、国民を再統合していく役割を果たすのが、近代民主主義の一翼《いちよく》を担ってきた保守の使命にほかならないのです。

第七章

インド太平洋に浮かぶ世界新秩序

二〇二〇年という「分水嶺」の一年

二〇二〇年はまさしく、「世界史の分水嶺」といえる年であった。

世界秩序に関わる人びとの意識に大きな変容を促したものとして、以下で指摘する次の三つが、きわめて大きな要因になっているように思う。いま随所でそのことが明らかになってきているが、その三つの要因をめぐって、多くの人びとがこの「分水嶺」の年を経ることによって、それまでの世界観や自分の国や社会に対する考え方、さらには自らの生き方さえも考え直し始めたように思われる。それによって、世界とその秩序のあり方それ自体も変わり始めているのである。

まず第一に挙げられるのが、いうまでもなく新型コロナウイルスによる、人類が初めて経験した本格的な世界的流行（パンデミック）である。この点だけでも、「二〇二〇年は人類の運命を変えた年だった」と将来の歴史家は振り返るだろう。

瞬時に世界の隅々までくまなく、ほとんどすべての国で、先進国も含めきわめて大きな人的犠牲――アメリカ合衆国だけで一〇〇万人を優に超える死者――と深刻な政治的・経済的・社会的な混乱が生み出され、感染拡大から一年半がたったいまもなお大きく燃え盛っている。

また、人びとは実存的にも精神においても、この疫病がもつ意味と向き合った。そして進歩主義一点張りで進んできた近現代のいわゆる「文明の進歩」によっても、ついに征服できなかった自然界の大きな力をあらためて実感し、生命や人間のあり方、そして個人や社会、国や世界に関わる基本的な価値観についても、これまでになく深く考えることになった。

また公衆衛生や医療体制について、「経済大国」を誇ってきた日本という国の備えが、じつは驚くほど乏しかったことも明らかになった。しかし、それ以上に人びとの一人ひとりの心の裡《うち》に、人生観にも関わる小さからぬ変化が生じたはずだ。

現に、七十八歳にしてアメリカ大統領の座に就いたジョー・バイデンは三月に行なわれた初の記者会見の場で、二〇二〇年という年を経ることで「人生の運命を自覚するようになった」と語った。何ごとか期するものがあるのだろう。多くの人びとや国々が、この一年でかつてない何かを考え始めている。そうして世界は変わり始めるのである。

第二に、二〇二〇年という年は、そのアメリカ合衆国という国の在り方を、世界中が「見せつけられた」一年でもあった。それは、一方で深まる分断と衰退、他方でアメリカが依然として有している大きな底力と復元力である。つまり世界の人びとが、アメリカという国に対して、世界における重要性と可能性についてもう一度、深く考える機会を手にしたわけである。

政治的にいえばトランプからバイデンに政権が交代したわけだが、世界秩序の大きな方向に関わる点でいえば、アメリカはこの二十年間のブッシュ（息子）、オバマ、トランプらのいわゆる一国覇権主義（ユニラテラリズム）からはかなり異なる姿勢で、同盟国などとの協調を重視する、本来の国際社会のリーダーとして振る舞うことをめざすようになった。

バイデン政権が発足していまだ百日少々で結論めいたことはいえないにしても、バイデン大統領はこれまでのところ人びとの「予想を裏切る」力強いリーダーシップでスタートを切った日々だったといえる。ワクチン接種が予定を前倒ししていち早く国民のあいだに普及し始め、経済にも「インフレ懸念」が出るほど力強い回復の兆しが見え始めた。その姿を見ると、あらためてアメリカという国の「底力」と、可能性に感じ入らざるをえない。

加えて、同盟外交への復帰と、対中政策の意外なほどの「タフさ」は評価されてよい。たしかに、政権発足後に直面したミャンマーやパレスチナ紛争をめぐるバイデン外交は早速、限界を露呈してはいるが、もしもトランプが再選されていたならば、コロナ対策やアメリカという国、あるいは世界やアジアの安穏はどうなっていたか。それを想像するだけでも、答えの多くは出てくるのではないか。こうした点についての、バイデン時代への転換を促したアメリカの大いなる「覚醒《かくせい》」についてはのちほど詳述する。

最後の三つ目が、二〇二〇年を通じて世界の中国を見る目が急転直下、大きく変わったことである。その結果、彼《か》の国はこれまでになかったかたちで孤立し始めている。もちろん、「チャイナ・マネー」を頼りにするアフリカなどの途上国や、欧米先進国と対立するロシアをはじめとする独裁ないし権威主義体制の国々は、国連などでもカッコ付きながら「中国支持」に回っており、中国が全面的に孤立したわけではない。

しかし、欧米やそれに近い日本のような主要先進国、あるいは東南アジアや中東のいくつかの国は、かつてない対中警戒態度を見せ始めている。たしかに数のうえでは、国連などでも「中国陣営」の国のほうが多数を占める。他方、ある信頼できるデータによれば、仮に各国を米中両陣営に可能なかぎり分類し、それぞれの陣営が世界のGDPに占める比率を見ると、米国側五五％に対し、中国側二二％となる。

加えて二〇二〇年という年に世界が目にしたのは、中国で始まったパンデミックの初期に、その情報を隠蔽して世界に感染を広げ、同年夏には香港や台湾に強圧を加え、さらにはウイグルの人権問題に加えて南シナ海や東シナ海での危険な軍事行動を繰り返す姿だ。

中国の外交が世界を恫喝《どうかつ》するような「戦狼」ぶりを発揮したのも昨年（二〇二〇年）のことだった。

こうした中国の「暴走」は際立ち、鄧小平、江沢民、そして胡錦濤時代まで人びとが目にしていた、あの慎重な中国外交はどこにいったのか。彼の国の実体を、いまでは世界の多くの人びとが認識し始めているのである。

以上の三点が同時期に重なれば、世界秩序が転換点を迎えるのは、ある意味では必定であろう。パンデミック以後の世界を考えるうえでは、こうした大きな視野が必要不可欠であり、その意味では、コロナは変わりゆく世界を映し出す世界史的な役割を果たしているといえるかもしれない。

アメリカが「孤高の大国」だったことは一度もない

以上の三点のうち、私たち日本人がとくにいま深く認識すべきが「アメリカの覚醒」である。繰り返すが、バイデン政権に対しては、まだ定まった評価をすべきタイミングではないかもしれない。

それでも私は、昨年（二〇二〇年）の大統領選前から、いわば歴史的直観として、バイデン政権が誕生すればアメリカは、これまでの大きな逸脱《いつだつ》の時代、つまり湾岸戦争の勝利(一九九一年)以来、続いてきた一極覇権主義やトランプ時代の孤立主義の迷妄から醒《さ》めて、「これでこそアメリカ」といえるような、力は落ちたが依然として世界の民主主義やルールに基づく秩序といった価値観を重視する、責任ある超大国として蘇る——まさにバイデンがいうところの「America is back.」の時代が訪れるかもしれないと感じていた。

二十世紀末のいわゆる「冷戦終焉」後、とりわけ湾岸戦争(一九九一年)以後のアメリカは、一極覇権の単独行動主義の道をひた走って、逆に世界各地に混乱をもたらしてきた。この流れは、ブッシュ(父)政権の後半からクリントンを経て、ブッシュ(息子)、オバマ、トランプと民主・共和を問わず一貫していた。その結果、強大化し、もはや民主化の可能性を望めない習近平の中国による「グローバルな脅威」という挑戦に国際社会は直面している。

たしかにトランプ政権が、ニクソン以来続いた「関与政策」という名の対中宥和政策を捨て、強硬な抑止の姿勢に転じたのは間違いではなかった。ただ、愚かなことに同盟国とは距離を置いて「米国第一主義」を掲げたことで、自らを孤立に追いやった。

この一世紀の歴史を紐解《ひもと》くと、じつはアメリカという国は、同盟国と協力してこそ、大国としての力を発揮してきたことがわかる。イメージとは反対に「孤高の大国」として君臨したことは一度としてなく、よくいわれる「孤立主義の伝統」とは第一次世界大戦前、すなわちまだアメリカが大国ではなかったときの話だ。

二つの世界大戦や冷戦、そして二十世紀後半の世界に安定とリベラル・デモクラシーの繁栄をもたらしたのは、同盟のなかでのリーダーシップ、ラテン語でいうところのprimus inter pares（プリムス・インテル・パレス＝同輩者のなかの第一人者）としてのアメリカで、それは覇権国としての頂点にありながら「光栄ある孤立」を掲げた十九世紀のパクス・ブリタニカとは、そもそもまったく質を異《こと》にする覇権の形態であった。

ところが、冷戦後とりわけ湾岸戦争を境として、アメリカは自身を唯一の超大国として、単独行動で一極主義の世界を築こうとした。あるいはオバマ時代には「もはや世界の警察官ではない」と、すべてを放り投げる弱々しい単独行動すなわち孤立主義への退行を見せ、衰退を加速させた。その後のトランプ政権は現実離れした「アメリカ万能」という幻想をふりまき、逆に同盟国の中国傾斜すら招き始めていた。現実問題として、この三十年間でアメリカのGDPはたしかに伸びたが、経済の潜在成長力は大きく低下している。

湾岸戦争に始まった三十年間の迷妄

そんな大きな混迷のなかにあったアメリカ外交が、私の見るところバイデン政権の成立によって、歴史的な変化の兆しを見せ始めていた。まさに「America is back.」、つまり「正気」に戻り始めたというわけである。ならば、これまでの迷妄の原因は何だったか。その発端は、繰り返すが一九九一年の湾岸戦争にある。

この百年間のアメリカ外交には、「三つの大きな過誤」といえるものがある。一つは第一次世界大戦のあと、自ら創設した国際連盟への参加を拒否したこと（一九二〇年）、次は「冷戦を生み出した」といってもよい第二次世界大戦末期のヤルタ会談（一九四五年）、そして三つ目が湾岸戦争から二〇二〇年まで約三十年間、続いた一極主義による世界覇権を志向した外交である。

この湾岸戦争に始まるアメリカ外交の迷妄が、逆に二十世紀末から二十一世紀にかけて世界各地を不安定化させた。中東ではソマリアやアフガニスタン、さらにはイラク戦争やイエメン、シリアの内戦につながり、それらの波及としての「九・一一」に代表されるイスラム原理主義のテロリズムも、本を正せば湾岸戦争によって引き起こされた中東地域秩序の崩壊が大きく尾を引いた結果である。

冷戦が終わった当時の世界は、一九九〇年七月のヒューストンでのG7サミットで「民主主義の強化」「人権並びに市場指向型経済」が謳われたように、G7を中心とする多極協調的な新秩序、すなわちロシア（当時はソ連）や中国もその周囲に引き寄せた、協調的な多極世界への期待が高まっていた。前年のベルリンの壁崩壊を受けて、マルタ会談でそうした協調的現実主義の世界秩序が叫ばれた時代であったから、アメリカもあくまで世界の主要国の「ワン・オブ・ゼム」、あるいは「衆中の第一人者」として振る舞っていた。私自身も当時はそうしたアメリカの新構想を大いに支持し、国内だけでなくアメリカの代表的な外交誌『Foreign Affairs』や『The Washington Quarterly』などの国際政治誌に、熱心な親米派としての立場から盛んに寄稿した。

しかし、その翌月の九〇年八月、イラクのサダム・フセインがクウェートに侵攻して湾岸危機が起きた。このことをいわば奇貨に、多極協調の新秩序を嫌って一極覇権をめざす米国内の「ネオコン」勢力を中心に戦争熱が一気に高揚し、その結果、アメリカはせっかく芽生え始めた多極協調的な新秩序構想をかなぐり捨て、総動員体制のもと五〇万もの米軍を湾岸に送り込み、一気に戦争へと雪崩《なだれ》込んでいった。そして弱体のイラク軍に対して「華々しい大勝利」を演出することで、やがてイラク戦争（二〇〇三年）に代表されるような排他的な一極主義へとのめり込んでいく。

ところで、湾岸戦争といえば、アメリカが国連安保理決議を背景にして「多国籍軍」を率いたため、いまでも大義名分のある戦争だったとする向きがある。しかし事はそう単純な話ではない。たとえば、アメリカは中国が、湾岸での戦争を始めるための国連決議に拒否権を行使しては困るので、天安門事件以来の制裁を解除するから国連安保理での「対イラク戦争決議」では棄権してほしい、と交渉したとされる。

こうして、しゃにむに湾岸での戦争を始めたアメリカは、精密誘導兵器を適確に使用してイラク軍をあっという間に粉砕し、その様子はCNNテレビを通じて世界に流れた。アメリカの軍事力に誰もが震え上がり、人びとは「アメリカに下手に逆らえばイラクの二の舞になる。国が潰される」と考えるようになった。「面従腹背」あるいは「怨念の世界史」の幕開けである。たとえば、湾岸決議に賛成して「アメリカに騙された」とされたゴルバチョフのソ連はその十カ月後に崩壊し、鄧小平の中国は軍事大国への道を歩む以外に共産党体制を維持する手段がない、と決心した。

もちろん、フセインが許し難い侵略を行なっていたのは事実で、これを止めさせようとするアメリカに、まったく大義がなかったとはいえない。しかし、戦争遂行の過程ではむしろ、あえて世界を震え上がらせるような行き過ぎた手法や、「油まみれの海鳥」といった偽情報《フェイク・ニュース》を多用するなど多くの過誤を犯しており、それが世界中に復讐心のタネを蒔《ま》き、その後の長期にわたる国際政治の混乱を生み出した。「人の心」が深く世界の安定や不安定に関わることを忘れてはならないのである。

この湾岸戦争での「大勝利」を契機に、アメリカはさらに一極の世界へと突き進んでいく。前述の「ネオコン」と呼ばれた人びとを中心に、アメリカ一国で世界をつくり変えることが可能との言説まで飛び交った。湾岸戦争当時、ピューリッツァー賞を受賞したネオコン派のジャーナリスト、チャールズ・クラウトハマーは『Foreign Affairs』誌（Winter,1991）に〝The Unipolar Moment（単極のとき）〟という、いかにも勝ち誇ったかのような論文を寄せている。

多極化ではなく、アメリカによる一極世界をめざすべきであり、ソ連や中国は排除し、またドイツや日本はかたちだけの「経済大国」を誇っているが陽炎《かげろう》のようなものにすぎず、本当の大国はアメリカのように軍事力を中心に力でもって強引に世界に対して号令をかけられる国だけなのだ——などと謳いあげていた。

当時、私は『Ｖｏｉｃｅ』一九九一年五月号に「湾岸に沈んだ新秩序」と題する論考を寄せた（『覇権の終焉』〈ＰＨＰ研究所〉所収、二〇〇八年）。とくに同論考では、ベルリンの壁崩壊（一九八九年十一月）後に多極協調的な「前向きの世界新秩序」への機運が高まっていたが、それが湾岸戦争で木っ端微塵《こっぱみじん》に壊され、この戦争で深く傷つき「アメリカへの怨念」を原動力とする中国やソ連＝ロシアの怨念が将来に大きな脅威となって自由世界にのしかかってくるであろうと指摘した。

その予想は的中した。そしていま、われわれはアメリカが夢見た「一極の世界」が見果てぬ夢であったことを目にしている。湾岸戦争以後、一国覇権主義の夢を追い求めたアメリカは、逆に九・一一やイラク戦争、そしてリーマン・ショックやコロナ・パンデミックで大きく衰退し、いまでは中国の激しい追い上げを受けている。

もはやアメリカ一国では膨張する独裁国家・中国と全体主義化するロシアに対処することは難しく、「冷戦終結」後のアメリカが追求してきた一極覇権主義が決定的に破綻したことは、バイデン外交の最重要メッセージである「同盟への回帰」というスローガンが示している。バイデン自らの口で繰り返し表明するＱｕａｄ（クアッド、日米豪印）首脳会議の定例化や、ＮＡＴＯサミットでの「中国封じ込め戦略」の提案とその正式採用は一例にすぎない。

私は二〇二一年を迎えたいま、アメリカが再び本来の自由世界のリーダーとして、中ロの権威主義国と対峙し、その民主化をめざすという方向に動き出したのではないか、との思いを抱いている。バイデンのアメリカはかつての冷戦時のリーダーシップを発揮し、同盟国を巻き込み、いわば覇権志向と孤立主義に揺れ動いたこの「三十年の逸脱」を克服して新しい世界をつくろうとしている、といえるかもしれない。

そして今年（二〇二一年）四月の菅＝バイデンの日米首脳会談が示しているように、戦後の「非武装」の迷妄から醒めてあるべき姿を見出し始めた日本が提唱し、その「自由で開かれた新秩序」構築を米欧印豪とともにめざすのが、「インド太平洋新秩序の浮上」である。ちょうど三十年前、「湾岸に沈んだ世界新秩序」が、いま「インド太平洋に浮かび始めている」のだ。

いずれにせよ、米中覇権競争という二国間関係だけに目を奪われるのではなく、過去二十年、三十年の大きく崩れてしまった世界変動の歴史を振り返り、これから十年、十五年は続くであろうこの危機の彼方にある新世界——中国・ロシアの体制転換や再民主化の可能性も含め——とその秩序を、大いなる勇気をもって構想する必要があるのである。

ポストコロナは「大いなる振り戻し」の時代

ここまで、湾岸戦争後のアメリカの一極主義の迷妄と、バイデン政権によるアメリカ外交の正統路線への覚醒について論じてきた。それに加えてもう一つ、これからの世界を大きな展望をもって考えるうえで、じつはたいへん重要な長期的趨勢《すうせい》は、「再民主化」ともいうべき「よき方向」への歴史の振り戻しである。

二〇一〇年代の世界は、それ以前のおよそ二十年の間、極端化したアメリカの一極主義的なアプローチと、それに反発したり並行して進行した各国・各地域でのナショナリズムやポピュリズムの強まりが、「民主化からの逆行」を際立たせた時代だった。それが今後の十年、二十年で、歴史の振り子が少しずつ再び民主化と国際協調のほうへ振り戻していく時代となるはずである。

いま、おそらく多くの人は、眼前に見る逆の趨勢――民主化の後退――を未来図として語っているが、これはたんに現状を将来に投影している見方にすぎない。

たとえば、いま世界ではコロナ禍によってナショナリズムがいっそう強まっているように見えるが、パンデミックや地球環境問題の深刻化はやがて国際協力への流れも強めていかざるをえなくなるだろう。

当面、深刻化が予想される米中対立にせよ、長期的に見れば、かつての米ソ冷戦のプロセスで見られたような鋭く対立が激化する時代とそれが緩む「デタントの時代」を交互に繰り返していくはずだ。中国はこれだけの包囲網を敷かれては当面、少なくとも二〇二〇年代の後半までは、その「暴走」は大なり小なり効果的に抑止されるだろう（しかし、その後の行方は日米欧側の対応によって変わってくるかもしれないが）。

また、より深く見れば、経済のグローバル化は中ロ両国も含めて、権威主義諸国の国内に経済生活の向上を最優先する若い世代のなかに、新しく個人主義の風潮を根付かせている。それは必然的に、個人の自己主張の強まりをもたらさずにはおかない。

さらに、二〇一〇年代に頂点に達した過激なポピュリズムや宗教的原理主義は徐々に退潮する可能性があるし、アメリカのTPP脱退やイギリスのEU離脱にも何らかのかたちで逆向きの新しい動きが生まれるであろう。そしてあとで見るとおり、この数十年、世界を主導してきた経済パラダイムも、いまや「小さな政府」から二十一世紀バージョンの「大きな政府」へと振り子が振れ出している。

二〇二五年から二〇三〇年にかけては、世界はこのように「底打ち」の時を迎え、相対的安定期への「振り戻し」が生じるように思われる。これは決して希望的観測などではなく、むしろ冷徹な歴史法則あるいは文明史的観点から見れば、おのずから浮上する見方なのである。

この数年、多くの人が抱くようになった「崩壊する世界」という悲観的なイメージからすれば、にわかには信じ難く、奇を衒《てら》うような言論に聞こえるかもしれないが、私は五年前の『日本人として知っておきたい「世界激変」の行方』（PHP新書、二〇一六年）以来、こうした見方を公《おおやけ》にしてきた。

トランプからバイデンへと政権交代して、とりあえずは相対的安定に向かって「振り子」の振り戻しが始まったアメリカが好例だが、強硬な独裁と対外膨張を続ける習近平の中国も、いわばいまがそのプロセスのピークに当たっており、その膨張と強権化の流れは明らかに「限界」に近づいている。

中国については紙幅の都合上、別の機会であらためて論じるつもりだが、前述のように日米欧の諸国からこれほど包囲されて孤立し、一方で胡錦濤時代や江沢民時代とは異質の個人独裁体制をさらに強めて、国民に不毛なナショナリズムを植え付けている。習近平政権への国民とくに若い世代の不満は、じつは水面下で強まっており、この点でもすでに体制の安定度という「振り子」は危うい極端にまで振れているようにも見える。このように、各方面で振り子の中央軸への振り戻しが見えてくるのが、二〇二〇年代後半ではないだろうか。

もちろん、これまで「悲観的」な見方を繰り返し提起してきた私としては、ことさらに世界の趨勢を楽観視するつもりは毛頭なく、むしろ当面の「移行期の危うさ」を過小評価してはならない。いうまでもなく、わが国の周辺に目を向ければ、たとえば台湾をめぐる危機もかつてなく深まっており、コロナ後の世界経済の復活もなかなか見通せない。これからもわれわれは、「歴史の吊り橋」を渡っていかなければならないことは十分に自覚すべきだ。

私がいいたいのは、ここでもカギを握るのは「人の心」だということだ。「冷戦後」といわれた、この三十年ほどの世界では、それまでの世界を支えた「慎重な現実主義」は影を潜め、代わって「歴史の終わり」とか「国家の退場」といった放埒《ほうらつ》な観念論と、アメリカのネオコン的覇権主義や中国の「一帯一路」など抑制を忘れ、自己肥大化したビジョンが力を得て、単純な世界像を性急に押し出そうとする傾向が至るところに見られた。

しかし、これからの世界で堅実でヒューマンな感覚に基づく物質文明の生活様式と民主主義が共存するためには、人間の日常生活や「中庸」に即した謙虚で慎重な現実主義を取り戻さなければいけない。冒頭で触れた「二〇二〇年の経験」は、おそらくいま、このことをわれわれに教えているのではないか。

蘇る「大きな政府」

これからの世界を考えるうえで、(二〇二一年)四月二十八日にアメリカ議会でバイデンが行なった初の施政方針演説は、もしかすると後世、アメリカ史上で数十年に一度の歴史的な意義をもつものと評価されるようになるかもしれない。

バイデンはこの演説で、連邦政府による「一世一代の大投資を行なう」として、その規模は「世界大戦以来の最大の投資となろう」とぶち上げた。そのうえで、国家の役割を再定義することの必要性を訴えている。この演説を受けてイギリスのBBC放送は「これによって、アメリカは四十年来の（小さな政府という）経済政策の正統派となってきた路線を脱して、明確に大きな政府をめざすことになる」と評した。もちろん「小さな政府」をレーガン以来の金科玉条《きんかぎょくじょう》とする議会共和党は、大反対を唱えて抵抗するだろう。

しかし、アメリカ国民のじつに八五％が、このバイデン演説を「評価する」と答えている（そこには、もちろん共和党支持者も含まれている）。そして、財源の問題としてバイデン政権は法人増税（すなわち連邦法人税を二一％から二八％）に踏み切ることにより、十五年間で二・五兆ドルの税収増を見込んでいるとされる。これにはアメリカの経済界や共和党からのいっそう強い反対があるだろう。

また、予想外のコロナ対策として各国が強いられた大幅な財政支出の「穴埋め」という面もあったにせよ、この増税への動きはより大きな歴史的趨勢に沿った動きのように見える。

すなわち、この歴史的趨勢としての増税への動きはイギリスをはじめとする欧州各国でも同様で、たとえばイギリス保守党のジョンソン政権は（二〇二一年）三月に、これまで一九％だった法人税率を二五％に引き上げる政府案を取りまとめた。これは一九七〇年代後半に法人税引き下げに踏み切ったサッチャー以来の伝統である英国保守党の「小さな政府」路線を歴史的に反転させることを意味する。

そして今年（二〇二一年）五月には、発足したばかりのバイデン政権はＯＥＣＤの場で「法人税率の世界共通の最低水準」として一五％という暫定案を提出し、今後の交渉で徐々に引き上げていくことを提案した。これはイエレン財務長官らの唱えていた「底辺への競争」から脱却すべきという、この三十年余り続いてきた法人税の引き下げを各国で競い合ってきた趨勢の反転、すなわち経済・税制面でのグローバリズムの一つの終わりを意味する。世界のパラダイムは確実に変わり始めているのである。

また、前述のようにバイデン政権は民主主義を守るために経済格差を減らし、「中間層を豊かにする」というスローガンをかねてより唱えている。もちろんこれは米民主党の政治戦略でもあり、たとえバイデン自身が二〇二四年にふたたび大統領選に立候補するつもりはなくとも、次の民主党候補のためにカギを握る重要な票田《ひょうでん》を確保しておくとの、したたかな選挙戦略を描いているのかもしれない。

しかしいずれにせよ、「中間層こそ民主主義の砦」であり、中国と対峙するためにも「アメリカ再建のカギ」だという考えはいかにも正しく、またこれは今日、過激なポピュリズムに揺れる世界の先進民主主義国にとっても共通の課題といわなければならない。もちろんそれは二十世紀型の「古くて大きな政府」への単純な先祖返りであるはずがなく、その意味においてもバイデン政権がめざす二十一世紀型のニューモデルの「大きな政府」論は歴史の潮流に沿った新機軸だといえる。

FDRに立ち返るバイデン

そしてじつは国際政治戦略においても、今日「大きな政府」論には歴史の必然性があることを指摘できる。現在のバイデン大統領の個人的な言動を見ていて想起されるのは、一九三〇年代の大恐慌の最中にニューディール政策を行なったフランクリン・デラノ・ルーズベルト（ＦＤＲ）になぞらえた自らの歴史的位置づけである。

もちろん、七十歳代後半の高齢大統領のバイデンが、今後ＦＤＲのような大きな業績を残せるとはとても思えないが、方向性としてその意識がバイデンの脳裡にあることは間違いない。

ＦＤＲのニューディール政策とはつまり、大恐慌から脱するためにアメリカの工業力や産業力、経済力の基礎を国内でつくり上げる動きだったが、もう一つの目的は台頭しつつあるファシズムに対抗して、アメリカが先頭に立って世界の民主主義を守ることにあった。すなわち、当時の有名な言葉を引けば、アメリカを「民主主義の兵器廠《しょう》」にしようという構想にも支えられていた。

しかし、このニューディール以来の「大きな政府」路線は第二次大戦後も続けられ、さらに野放図な堕落に陥って一方的に極限まで振り子が振れていく。その結果、多くの弊害が生じ、アメリカ経済の大きな停滞を招くようになった。

そこでFDR以来四十年余りがたった一九七〇年代、レーガンが登場して、「小さな政府」つまり新自由主義への歴史的な転換を行なった。そして、さらにそこからまた四十年が経った現在、二〇二〇年という「世界史の分水嶺の年」に登場したバイデンが再び「歴史の振り子」を反転させようとしている。またバイデンは、世界中で民主主義を掘り崩そうとする中国の脅威と、かつて全ヨーロッパを席捲したナチス・ドイツを重ね合わせ、内外そして政治・経済・価値観など多くの局面で「FDRに還《かえ》れ」との思いを内心、強くしているのではないか。

昨年（二〇二〇年）夏、派手な選挙戦を展開し続けるトランプに対して、バイデンはコロナ禍もあり、さほど表舞台に立たずにあえて「鳴りを潜め」ていた。一部のメディアは、自宅のあるデラウェアの地下室で「学者たちと抽象的な論議に耽《ふけ》っている」と報じていたが、私はいくつかのローカル・メディアも含め、その動きをフォローしていた。というのも、その姿が一九三二年の大統領選に出馬したときのFDRと酷似していたからである。一部の報道によると、就任後、たとえば先日もバイデンは歴史家を集めて、歴史における各大統領の位置付けや世界のリーダーとして民主主義の危機にどう対応したのか、またそのときにアメリカ大統領としての役割は何か、等々といったことを議論したという。

ＦＤＲからレーガンへと転換し、この四十年で振り切れた市場原理主義の振り子を、今度はバイデンのアメリカ的価値観の再認識に基づく「大きな政府」論によってどれだけ戻すことができるのか。もちろんまだ確定的なことはいえないものの、いまや大きな政府論は「民主主義を守るための経済政策」という意味においても、世界秩序に関わるたいへん重要な意義をもってくるのである。そしてこれはそのまま、二〇二〇年代の世界の潮流と重なっていく。

民主主義の「擁護」と「再建」

ここまで述べてきたように、バイデン時代のアメリカと西側世界が模索する、二〇二〇年まで続いたいわゆる「ポスト冷戦期」の世界を大きく転換させる三つの方向が見えてきた。

第一は、ネオコン的あるいはオバマ＝トランプ型の一極覇権主義や孤立主義からの離脱であり、第二は、いまや「古臭く」なった新自由主義の経済政策・経済思想から、二十一世紀型の「大きな政府」への転換である。

そして残る一つが、中国やロシアを中心とした権威主義体制からの攻撃を受けているとされる「民主主義の擁護と再建」である。バイデン大統領自身、「民主主義対専制主義」のグローバルな対立という点を繰り返し唱えているが、（二〇二一年）五月三日から五日まで開かれたロンドンでのG７外相会議の声明でも、冒頭部分で「民主主義は世界中で圧力に晒されている」と強く憂慮している。

たとえば「一帯一路」のかたちで広がる中東、アフリカなどへの経済を介し、独裁体制を広げようとする中国の影響力の拡大は、「中国の脅威」の本質にも関わる民主主義への攻勢であり、またロシアのサイバー攻撃による民主主義国の選挙への深刻な干渉は、たとえば二〇一六年の「トランプ勝利」に貢献したとされる。それ以外でも、軍部のクーデターや宗教的原理主義によってたしかに現在、足下では世界の至るところで民主主義が危うくなっている。この危機感を、日本を含む先進国が示しているのは間違ってはいまい。

同時に、五月の外相会議の歴史的意義としてもっとも注目すべきは、中国がG７ひいては民主主義世界にとって「グローバルな脅威である」と位置づける声明を採択したことだ。その姿は、「第二次冷戦」といわれた一九七九年のソ連のアフガニスタン侵攻時、G

7が見せた強硬な対ソ姿勢と共通している。たしかに、ドイツのように経済で密接に結びつく国は対中関係を即座に激変させることは難しいものの、そのドイツも今回、かつてない断乎たる意志を示したことは事実だ。

バイデン演説に戻ると、「われわれは民主主義が機能することを証明しなくてはならない」「そのためにはわれわれ各人が役割を果たさなければいけない」――これもまたFDRの言葉の踏襲であった。

われわれは、歴代のアメリカ大統領が繰り返しFDRの言葉をもち出すことが、大きな歴史的インスピレーションをアメリカ国民のあいだに引き起こすことを知るべきだろう。前述のように、たしかにG7外相会議の共同声明がいうとおり、二〇一〇年代の経験から見て、今日、世界の民主主義は多方面からの挑戦に晒されている。

ただFDRの時代との違いでいえば、SNSの普及は民主主義の維持・発展にとって両義的な、おそらくはもっとも困難なジレンマをもたらす深刻なファクターだといえる。それによって、いまでは個人が大いに「エンパワーメント」され、世界に向けて自由に発信し、情報をやりとりすることができる。

こうした素晴らしい側面があるのは疑いようがないが、一方でSNSは民主主義にとってはまさに「諸刃の剣」であり、そこに大量のフェイクニュースが意図的あるいは偶然に集積されていって生じる左右のポピュリズムの暴走に、どう対処したらいいのか。またそれが、経済格差や人種・民族問題と絡む怨念と結びついたときの深刻な脅威に対して、制度化された安全装置を自由世界はいまだ手にしていない。

二〇二〇年のアメリカ社会に広がった混乱にしても、SNS上での煽りが民主主義国の情報空間を大きく攪乱し、極端なケースでは暴力へと繋がり、不幸にも深刻な人種対立や米議会乱入事件（二〇二一年一月）まで引き起こした。今日、民主主義はかくも多方面からの脅威に晒されており、世界の民主主義がいま大きな「分かれ道」に立っているというバイデンの認識は、決して大袈裟なものではないと私は思う。それゆえ、深刻な問題意識をもってこの課題に取り組むことが迫られている。

しかし同時に、より大きな歴史の潮流として、「民主主義の敵」が長期的には凋落の趨勢を示し始めていることにも注目すべきである。短期的には悲観的になり、堅実かつ勇気をもった取り組みが求められるが、他方、長期的には希望と楽観を失うことなく未来を見据えていくべきである。

以上、見てきたように、いま世界は大きな「歴史の吊り橋」を渡ろうとしている。一極覇権主義の夢から醒めて、慎重な現実主義の立場から同盟国と手を携えていこうとするバイデンのアメリカが、新たに覇権主義の「夢」を追い始めた中国をどこまで抑止できるか。また、格差とポピュリズムをもたらした新自由主義の四十年のあとに、はたして世界は民主主義のための安定した社会基盤を再生させられるか。そしてコロナ後の世界への洞察も、重要な課題としてある。

日本と世界はいま、これら当面の重大な懸案を抱えてこの「吊り橋」を渡っていかなければならないのである。

第八章

価値観を重視する「新しい現実主義」を

合流した国際情勢の流れ

現在の世界ではさまざまな意味において、中国がきわめて大きな存在として浮上している点については疑う余地がないでしょう。そして、その状況はもはや「台頭」という言葉では覆い尽くせないものとなっています。

そうした状況に直面する日本の進むべき針路について、いまこそより深く考える必要があります。ただその前に、われわれはまず、昨今の国際情勢の流れを正しく認識する必要があるのです。なぜなら、その中国の行方もこの流れに大きく影響されるからです。

二〇二一年の本誌七月号に寄せた拙稿「インド太平洋に浮かぶ世界新秩序」でも考察したとおり、二〇一〇年代以降、戦後の世界をかたちづくっていた国際秩序が大きく崩れ始めました。

二〇一二年には、習近平氏が総書記すなわち中国共産党トップの地位に就き、ロシアのプーチン氏が二期目の大統領に就任（日本の安倍晋三氏が第二次政権を発足させたのも同じ年）しました。そして「アメリカの脱力」を象徴したオバマ大統領が再選されたのも二〇一二年のことでした。オバマ氏は早速、翌一三年に「アメリカは世界の警察官をやめる」

と宣言し、世界中の混乱要因や攪乱勢力を目覚めさせたのでした。

そして二〇一四年三月、プーチンは突如ウクライナのクリミア半島に攻め込み、東部での軍事紛争に火をつけ、その後のウクライナだけでなく、欧州の秩序を大きく揺るがし始めました。

ところが、これに対抗すべき欧米の対ロシア姿勢は弱々しく（日本の対ロ制裁外交はさらに軟弱で無原則なものでした）、国際情勢が大きく悪化し始めることが予見されました。早速これを見た中国は南シナ海の支配権を強め、国際法に真っ向から違反する大規模な軍事基地化に着手しました。

そして二〇一六年、アメリカではトランプ氏が大統領選に勝利し、同じ年、イギリスがEUからの離脱（ブレグジット）を決めます。アメリカ民主主義の危機が明白になり、同時に西側世界の大きな分断と弱体化が進むことになりました。

二〇二〇年代に入るとコロナ・パンデミックも加わったことで、冷戦終焉後あるいは第二次世界大戦以降の秩序の崩壊は加速していきます。

これらすべてが合流して、中国やロシアに代表される専制主義国家や強権主義国家の台頭と、他方でアメリカの覇権の衰退と世界における民主主義や法の支配をめぐる危機を招いており、さらにデジタル化やSNSの普及が民主主義や人類的価値観、自由な社会の安定に、利便性だけでなく大きな負のインパクトももたらしています。

世界秩序再建三つのポイント

このように、いまや大きな崩壊の兆《きざ》しを見せている世界秩序を再建するには、次の三つの大きなポイントがあります。

まずは何よりも、アメリカの同盟国や志を同じくするその周辺諸国が、普遍的な価値とルールに基づく国際秩序を再建し、また部分的には新たに構築するために、中ロなどの地政学的脅威を抑止するうえで必要なバランス・オブ・パワーを修復することです。

当面の課題としては、緊迫するウクライナ情勢や台湾での軍事的抑止に、アメリカとその同盟国は注力するために強い協力ができるかどうかという点が挙げられます。

二つ目は、過去三十年から四十年にわたり、世界を席捲《せっけん》してきた新自由主義的な経済モデルの再検討です。世界的に深刻な課題となっている「格差の問題」を解決するためにも、市場に偏りすぎた現代資本主義の在り方に、いま一度、政府の役割を再生・再建しなければいけないでしょう。その方向性は二〇二〇年代に入って各国で徐々に浮上しており、「新自由主義の落日」「新しい資本主義」などのキーワードが語られ始めています。二〇二一年には、OECD（経済協力開発機構）やG20が中心となって国際的な法人税の最低税率を設定する合意が成立しました。

　また、米欧各国で政府による巨額のインフラ投資や財政出動が「当たり前」になってきています。これは決して、単純に古臭い「大きな政府」への揺り戻しというのではなく、もっと新しいパラダイムを伴ったものであるべきで、世界はいま、新しい経済ドクトリンを待っているのです。

「中道保守」対「左右両翼のポピュリズム勢力」

　最後のポイントに挙げたいのが、価値観の問題です。じつは、今日の世界では価値観や思想潮流をめぐって、二つではなく「三つの勢力」がせめぎ合っています。

　一つは先に挙げた専制主義国家、すなわち中国やロシアをはじめとする強権主義の国家あるいは思想勢力ですが、他方それに対抗しなければならないはずの先進諸国の国内で、二つの流れが互いに激しくぶつかり合っているのです。

　それは、民主主義の価値観をより重視し、中ロなどの勢力との対峙に努める中道保守の勢力と、左右両翼のポピュリズム勢力の主導権争いです。とくに、アメリカのトランプ支持派などの先進国における右派ポピュリズム勢力に対して、中ロなどの専制主義国による水面下での支援や働きかけがあるとされる点は注意を要するところです。

アメリカでドナルド・トランプ氏が登場して以降、中道保守と右派ポピュリズムが激しくせめぎ合う時代が訪れました。現バイデン政権は一方で中ロの脅威を、そして他方で国内のトランプ支持勢力をはじめとした右派ポピュリズムの攻勢を受けて腹背《ふくはい》に敵、つまり「前門の虎、後門の狼」状態のなかで、さらにはやや小さい勢力ながら党内の左翼リベラル派の突き上げにも直面しています。

アメリカをはじめとする世界の民主主義陣営が、一九三〇年代以来の危機、つまり一方では共産主義勢力、他方ではファシズム勢力という「二つの敵」と内外で対立を余儀なくされた状況にきわめて類似した、深刻な危機に直面しているのです。

米欧民主主義国の右派ポピュリズム勢力のなかには、中ロなど権威主義国家の台頭を前にしても、それへの対処から目を逸らして国内問題を優先すべき、と唱える者もいます。なかにはトランプ氏のように、クリミアの侵略者で紛れもない独裁者のプーチンを高く評価したり、プーチン政権への同調を唱える欧州の右派リーダーもいるほどです。彼らが民主主義の大切さや、それを支える自由な価値観に関心を示そうとしない点はもっと注意すべきでしょう。

さらにいえば、次の点にも注意が必要でしょう。たしかに、中国やロシアは大いに警戒するべき対象です。しかし、それだけで議論を完結させるのはいかにも危うい。ここでよく検討するべきは、専制主義や権威主義の脅威に備えるうえで、われわれがどの立ち位置をとるかです。中国やロシア、北朝鮮などの地政学的な脅威と戦うためならば、トランプ氏ではないですが、こちらもどんな主義主張でも構わない。そんなマキャベリズムのような思想を抱けば、むしろ世界の混迷を深め、かえって自国の立場を陥れることにつながるでしょう。

二〇二二年は「踊り場の年」だった

二〇二二年という年は、いま挙げた三つの方向性——つまり力による現状変更勢力に対する抑止力、経済の矛盾解消、そして民主主義的価値の再確認——を世界がどれだけ現実的かつ強力に追求できるか、それによって世界秩序の再建を進められるか否かを見極められる重要な年でした。

二〇一〇年代に進行した国際秩序の崩壊が進むのか、それともその立て直しに向かう流れが浮上してくるのか。私なりの表現を用いるならばその「踊り場の年」、あるいはやや劇的な言い方をすれば、世界が「吊り橋を渡り始める年」になる、ということです。

われわれはこれから上に行くのか、それとも下に行くのか。いま進んでいるトンネルの向こうには光が見えるのか、あるいはさらなる闇の世界へと落ちていくのか。その感触が明瞭に見えてくる分岐点の時期が始まっているのです。

アメリカの著名な国際政治学者、イアン・ブレマー氏が代表を務めるシンクタンク「ユーラシア・グループ」が発表した本年の「世界一〇大リスク」では、中国のゼロコロナ政策の失敗と、それによって引き起こされる中国と世界の経済的混乱がトップに挙げられました。また、北京五輪では「デジタル人民元」を試験適用すると報じられてきましたが、はたしてその成果と実用性はどうなのか。世界の注目を集めています。

二〇二二年三月には、韓国大統領選で保守の野党「国民の力」の尹錫悦《ユンソギョル》が勝利しました。左派の文在寅《ムンジェイン》政権の下でかつてなく悪化した日韓関係にも修復への希望を見出せる、との声も聞こえてきますが、ここで重要なのは「保守＝親日」「リベラル＝反日」という単純な構図を描かないことです。

国際政治を動かすのは、端的にいえばあくまでも国益です。どちらの勢力が日本にとってプラスに働きうるのか。この点から現実的に考察するのが大切であり、第二次安倍政権の時代、保守であるはずの朴槿恵《パククネ》政権に、日本は歴史問題で「肘鉄《ひじてつ》外交」を食らって苦しめられ、「慰安婦合意」などで譲歩させられた過去を忘れてはいけません。

トランプ・イズ・バック？

選挙の話でいえば、ほかでもない日本とアメリカも大きな岐路を迎えました。二〇二二年七月の参院選は与党の勝利で終わり、衆議院の解散さえなければ、向こう三年間は大型の国政選挙はありません。岸田政権は憲法改正をはじめ、大きな課題にじっくりと挑戦できるはずです。ただ、そのためには政権と与党にもう少し迫力が必要ですが、その点が問われているのではないか、と思います。

そして真打《しんうち》は先ほども触れたように、十一月に行なわれるアメリカ議会の中間選挙です。冒頭で紹介した（本誌二〇二一年七月号の）拙論でも申し上げたとおり、現在のアメリカはバイデン政権の下で超大国としての「アメリカの再生」――それが対中覇権競争の前提条件――が求められているのですが、アメリカは今秋それへの大きな方向性を見出せるか否かの瀬戸際に立たされます。

ブッシュ（息子）政権以来、顕著になった「アメリカの衰退」を食い止めて、自由と民主主義・人権という普遍的な価値に基づく国際秩序を守り抜くためには、まずはアメリカの国力と国民生活や社会基盤を固め直し、優位な立場で中国との長期的な競争に臨み、その間インド太平洋地域の安定を確保しなければいけません。

先の「ユーラシア・グループ」の一〇大リスク予想は、早々と中間選挙での民主党の大敗をその上位リストに織り込んでいます。ただ私はむしろ、中国のゼロコロナ政策の失敗とそれによる経済的混乱のほうが大きなリスクだと認識しています。

たしかに、もしもこの中間選挙で民主党が上・下両院で多数を失えば、バイデン政権はレームダック(死に体)化し、二〇二四年の「トランプ・イズ・バック」がいよいよ現実味を増すでしょう。それはすなわち、世界が右派ポピュリズムの大きな流れに再び呑み込まれ、世界秩序と民主主義の行方が危ぶまれる事態につながることを意味します。ですからこの点で、アメリカの国内政治問題ではあっても、二〇二二年秋の中間選挙は、二〇二〇年代の世界情勢の方向性を決める要素として重要な意味をもつのです。

中国の台頭を許した「歴史的愚行」

ここで、選挙など当面のスケジュールを離れて視野を広げて二〇二〇年代の国際社会を見通すならば、その最大の課題はアメリカ主導で進み、野放図に過ぎた、この二十～三十年のグローバリゼーションの弊害への取り組みです。

われわれは、中ロの台頭や国際社会への挑戦、先進国における右派ポピュリズムの広がりなど、これほど深刻なかたちで世界秩序の混乱要因になったグローバリゼーションの代償を支払わされているわけで、二〇二〇年代を通じて、それを立て直して再び自由と民主主義、人権に基づく世界秩序という本来の流れに戻さなければなりません。

グローバリゼーションの流れは一九八〇年代以後、たしかに一方では（とくに先端産業や新興国などに）多くの成長や進歩をもたらしましたが、他方でその弊害を考察すればキリがありません。

まず、グローバル化と昨今のコロナ・パンデミックの因果関係については広く指摘されるところです。さらに大きな視座に立てば、深刻化する地球環境問題、とくに気候変動が挙げられます。昨年（二〇二一年）十一月のCOP26（国連気候変動枠組条約第二六回締約国会議）でも多くの取り決めがなされましたが、このままでは地球環境の変化が世界秩序の根本構造を揺るがしかねない危機をもたらす恐れがあります。

加えて、行きすぎたグローバリゼーションのさらなる深刻な脅威を指摘しなければなりません。それはつまり、グローバル経済の急速な進展によって引き起こされた民主主義国における経済格差と、その結果として先進各国で産声を上げた右派ポピュリズムが民主主義を脅かしている、ということです。また、コロナ禍で各国は莫大な金額の財政支出をしており、世界的に金融の大きな不均衡が広がっています。どこが震源地となって世界恐慌が引き起こされるか予断を許しません。

そして――。グローバリゼーションが引き起こした恐らくは「最大のリスク」が、共産党独裁国家・中国の台頭です。この二十～三十年のあいだに進んだ世界経済の急速かつ過激――そして盲目的――な自由化路線が、皮肉なことに「中国の躍進」を支え、まるで合わせ鑑《かがみ》のように、日米欧など民主主義国の中間層の没落と国力の衰退を招きました。

そして端的にいえば世界経済のグローバル化が、中国を経済だけではなく軍事的にも政治的にも、既存のルールに基づく国際秩序を揺さぶる存在に「仕立て上げ」てしまったのです。まさしく「歴史的な愚行」といわなければなりません。

対日ソフト路線の内実と今後をどう見るか

中国では今秋（二〇二二年）に五年に一度の共産党大会が予定されていますが、その前の九月には「日中国交正常化五十周年」を迎えます。五十年前、当時の田中角栄首相と大平正芳外相が訪中し「日中友好万歳！」の時代がはじまったわけです。

奇しくも現在の日本の政権は、大平派の衣鉢《いはつ》を継ぐ宏池会の岸田文雄首相と、田中派の系譜である平成研究会の茂木敏充《もてぎとしみつ》幹事長が中心的存在です。

昨今の日中関係も、やはり「踊り場」と表現ができると思います。昨年（二〇二一年）四月の菅・バイデン両者の日米首脳会談では「台湾海峡の平和と安定」への日米両国の強い関心を表明して共同声明に明記したことに中国が強く反発し、大きな話題を呼びました。

日本が中台関係にこれほど踏み込んだのは、日中国交正常化以降では初めてのことです。そして二〇二二年一月、岸田・バイデン両者による初の日米首脳会談（オンライン）でも、岸田首相は菅政権の対中強硬路線の踏襲を明確にしました。

中国からすれば、これは日米同盟による「台湾介入」を意味しますから、本来は猛烈に反発し、駐日大使の召還あるいはさらに強硬な態度に出てもおかしくありませんでした。

しかし奇妙なことに、それだけでなく対中包囲網としてのクアッドの緊密化や日豪による対中「準同盟」ともいえる安保関係のかつてない緊密化への動きを続ける日本に対して、中国はいまもなお対日「ソフト」路線を維持している。米中対立の最中で日本に秋《しゅう》波《は》を送り、日米の分断を図っているのか。それとも、日本はどのみち最終的には中国の圧力に屈するから余裕を見せているのか。だとすれば、いつ中国は一転して対日強硬に出てくるのか。この疑問こそが、現在の日中関係の核心的な問題設定なのです。

翻《ひるがえ》って中国の国内情勢を見ると、習近平体制が盤石かといえば、リスクが存在しないとは言い切れません。たしかに今秋の党大会で任期は延長されるでしょうが（正式には、来春［二〇二三年］の全国人民代表大会で国家主席三期目に就任）、やはり来春に任期が切れる李克強首相の後任はどうなるのか。すでに権力闘争が底流で行なわれているはずですが、ナンバー2の人事は習近平政権の見通しや日中関係にも大きな影響を与えます。

また、香港や新疆《しんきょう》ウイグル自治区、台湾などへの習近平政権の一線を越えた強硬すぎる対応が党長老たちの懸念を呼び、対外関係だけでなく国内統治も揺らぐ可能性があります。ゼロコロナ対策による成長の落ち込み（とくに二〇二一年十月～十二月期）だけでなく、経済面では依然として不動産大手・恒大集団の破綻に代表されるような不動産問題も深刻に尾を引いている。不動産投資による異常なスピードでの経済成長モデルは鄧小平以来の重要な路線の柱でしたが、それを覆《くつがえ》して成長よりも平等の重視を意味する「共同富裕」を掲げ始めた習近平政権が、はたしてこの先も従来の経済成長を続けられるのか。二〇二二年の党大会では習近平個人独裁が始まることが予想され、むしろこうした「中国の一〇大リスク」が浮かび上がる契機になるかもしれません。

アメリカの「曖昧戦略」

こうした情勢を受けて、米中関係には新しい動きが生まれています。アメリカはこれまで台湾防衛について、strategic ambiguity（戦略的曖昧《あいまい》さ）という基本戦略、すなわち中台の有事にアメリカは軍事介入をするかしないか、あえてはっきりさせないという路線を数十年、貫いてきました。

しかし近年、バイデン大統領自身は「アメリカは台湾を守る責任がある」などと繰り返しています（ただし毎回、その直後にアメリカ政府関係者が「アメリカの台湾政策は〈曖昧戦略という〉これまでの立場と変わっていない」と声明を出しています）。

注目すべきは、アメリカ外交に大きな影響をもつリチャード・ハース氏が、かねてより繰り返し呼びかけ続けている「アメリカは介入を明確化すべき」という論陣に賛同者が増えていることです。

ハース氏は、最近も自身が会長を務める名門のシンクタンク、外交問題評議会（CFR）が刊行する『Foreign Affairs』で繰り返し台湾防衛戦略をstrategic clarity、つまり「明瞭戦略」に改めるべきと提言しています。中国が台湾に武力行使した際には、アメリカが防衛することを明示すべきと指摘しているのです。

一方で興味深いのは、返す刀で「台湾独立を後押ししていると北京に見なされてはいけない」とも語っている点でしょう。対中抑止と融和の現時点での均衡点を見出すべきとする現実に即したバランス感覚こそが、ハース氏が練達の元外交官であり、また多大な影響力を有するオピニオンリーダーたる所以《ゆえん》です。

もう一つ、私が注目したのが今年（二〇二二年）一月一日に発表された台湾の蔡英文総統の「新年の談話」です。蔡総統は次のように述べています。

「軍事行動は台湾海峡両岸の立場の違いを解決するための選択肢にはならない。軍事的衝突は経済の安定に打撃を与える。われわれが人民の生活を良くし、社会と民心を安定させるために取り組めば、平和的手段でともに課題に取り組み、解決方法を模索しようとする空間と雰囲気が台湾海峡両岸に生まれる。これは地域の緊張した状況を緩和することにもつながるだろう」

一方では中国を強く牽制するとともに、蔡総統はこのように対中融和にも意を用いて、経済の重視や地域の平和と安定のために中台はともに同じ責任を負っていると語っているのです。中台対立の一方の当事者である台湾のトップが、国際社会の大きな流れから孤立することのない現実的な内容を口にしているわけで、責任のある立場としての矜持を窺わせる言葉づかいです。

加えて蔡総統は、香港問題を引き合いに出して「自由や民主主義を希求することは犯罪ではない」と強調しています。

これはつまり、香港民主派への弾圧に抗議するとともに、中国は将来的にはわれわれと同じ価値観を共有する国をめざすべきであり、それが世界の願いでもあるという蔡総統の想いがにじみ出ているようにも感じさせる。台湾をめぐる情勢を考えるとき、非常に重要な歴史的なスピーチといっても過言ではなく、日本としても明確に賛同できる内容でした。

言い換えるならば、日本自身の対中政策においても、安全保障や経済関係とともに、自由や人権などの普遍的な価値観を重要な柱としなければならないということです。

足元に目をやって対中政策についての指針をより具体的・現実的にいうならば、その「一丁目一番地」は日米同盟のさらなる緊密化以外にありません。この点については安倍政権から菅政権、そしていちおう現在の岸田政権に至るまで、一貫して追求されていると評価できるでしょう。加えて、これもまた論じるに及ばずですが、日英や日豪などの二国間関係や、クアッドやG7などを通じて、諸外国と重層的に連携し、中国に対処していくべきです。

国力の再建こそ最大の対中政策

そのうえで、われわれは何よりもまず、大きく衰退したこの日本の国力を取り戻さなければいけません。ワクチン開発も他国の後塵を拝し、各種の経済指標でもG7やOECDのなかでは下から数えたほうが早い体たらくです。一人当たりGDPや防衛費では韓国に追いつかれ、国債の格付けではいまや中韓よりも下位に落ちてしまった日本。「デジタル敗戦」や「半導体敗戦」という言葉も飛び交っています。

そんな国に成り果てている事実を直視することが、われわれにとって、いまもっとも求められていることではないでしょうか。日米同盟をいくら緊密化しても、あるいは憲法を改正しても、「先立つもの」つまり経済力がなければ事は成せません。

私は、国際情勢の暗転とともに、このような日本の衰退が起きることは、湾岸戦争や平成のバブル崩壊の直後からずっと予言してまいりました。それゆえこの十数年、時には焦燥感に駆られて強い議論を行なったこともあります。それは、共産党独裁の中国の台頭やアメリカの迷走はもちろんのこと、日本がかつての大英帝国のように大きく衰退していくことを見越して、強く危惧していたからです。

そのころ、しばしば論調が強硬すぎると批判されることもありましたが、それも衷心《ちゅうしん》から日本の未来を憂うるのであれば、直ちに具体的な対処を行なわなければならないとの想いからでした。そして、ここであらためて、これからの日本がめざすべき進路とその方向性について提言したいと思います。

その大きな基軸は、もう一度力強い合理主義の精神を取り戻すことと、「昭和の惰性」と「平成の分断」を乗り越えて、謙虚に世界に学ぶ姿勢でしょう。私はこれを「新しい現実主義」と呼びたいと思います。感情ではなく、理性による対応の大切さを肝に銘じることです。それは、対中外交についても適用すべきものです。

外交に「価値観」の柱を立てよ

先の大戦で「侵略戦争」を行なったとされる負い目を抱えていたからか、これまで日本人は軽武装と経済の豊かさの二本柱だけを追求する「吉田ドクトリン」を掲げることが現実主義だと理解してきました。しかし、一党独裁の中国の歴史的台頭を前にしている現在、われわれはもう一つの国家の柱を立てる必要があります。

その柱とは何かといえば、それはやはり「価値観」ということになるでしょう。とりわけ、アメリカと中国の軍事と経済のパワーが今後、大きく接近してゆく趨勢《すうせい》のなか、日本が古い「吉田ドクトリン」的な立場のままでは、市場を「人質」にとられて日米同盟を骨抜きにされ、安全保障も経済も、そして国としての主権も失ってゆくことになるでしょう。

この隘路《あいろ》を脱して、真の自立を図るためには、ルールに基づく普遍的な価値観の旗を高く掲げなくてはなりません。

昭和・戦後期のわが国を代表した国際政治学者であった高坂正堯《こうさかまさたか》氏は、若いころには吉田外交をいわゆる現実主義に即する方向性のあるものとして高く評価しましたが、平成八年（一九九六年）に亡くなる前には、軽武装と経済だけでは日本は立ち行かなくなると指摘したうえで、価値観の重要性を唱えていました。具体的にいうならば、日本の国としてのアイデンティティとともに自由や民主主義、そして人権・法の支配などです。

そしていま、外交にもこの価値観の柱を立てることが求められているのです。そもそも日本は、自分たちが信じているはずの普遍的な価値観を堅持するなら、外の世界に向かっても訴え続けなければいけない。しかもこのことが安全保障など国の存立にも関わってくることが明瞭となったいま、それこそがまさに「新しい現実主義」でもあるのです。

こうした内外の時代の潮流を考慮に入れるならば、われわれはいまこそ、この価値観の重視を加えた「新しい現実主義」を確立しなければならないでしょう。そしてそれを日本の政治家や官僚、経済人、知識人、そして国民一人ひとりが皆で支えていくことで、この間の失われた時を取り戻し、再出発を図るべき時期なのです。

第九章

「ポスト・プーチン」の世界秩序

プーチンの「終わりの始まり」

これは、まさに「プーチンの終わりの始まり」ではないのか。

私は今年の本誌三月号に寄せた論考で、二〇二二年という年は、世界にとって大きな分岐点の年、すなわち「歴史の踊り場の年」になろうと指摘したが、はたして当該論考が世に出た直後の今年二月二十四日、プーチンのロシアはウクライナへの侵攻を開始した。この侵攻自体がすでに世界を変えたのは間違いないが、その終わり方はさらに大きく世界を変えることになろう。

この点でも侵攻後の四月、私は月刊誌『文藝春秋』五月号に、この戦争がどのような推移をたどるにせよ、結局これは「プーチンの終わりの始まり」になるだろう、との見通しを述べた。そしてこの九月、ウクライナ軍が奇襲的な大攻勢によって、東部ハルキウ州の重要拠点イジュームをはじめとした広大な地域でロシア軍を撃退し、占領地を奪還しつつある。ロシアを専門とする多くの軍事評論家も驚きをもって、いまこの「ロシア軍の大敗北」を論じている。

この戦局の「ブレイクスルー（一大転機）」は、当然ながら、ロシア国内の政治状況に衝撃を与えずにはおかない。もちろん、これはまだ一部の動きであり、今後また何度かの膠着《こうちゃく》状態をはさみつつ、ロシア側の巻き返しもあろう。

しかし、この「ウクライナの逆襲」の衝撃は、ロシア国内の政治状況にも大きなインパクトを及ぼすだろう。すでに、本稿執筆時点の九月半ばにもモスクワとサンクトペテルブルクの地方議員のなかから、この国家的逆境をもたらしたプーチンの辞任を迫り、さらには経済の苦境とともに度重なる敗戦の責任を追及し、「国家反逆罪で訴追すべし」という声明が出されたのである。

またロシア連邦議会で、いわゆる「体制内野党」とされる「公正ロシア」の議員たちが、公然とロシア軍の大失態を追及する声を上げ、ショイグ国防相の喚問を要求している。

同様の軍批判は、プーチンの側近ともいわれるチェチェン共和国（ロシア連邦所属）の、カディーロフ首長からも、「ロシア軍の作戦に誤りがあった」とする、大っぴらな批判が報じられている。さらには連邦議会で、与党の中核「統一ロシア」の一部や極右的な勢力からは、直ちに強制的な徴兵を可能にする動員令を発して戦時体制に移行させ、「本気で」ウクライナ戦争に取り組み、劣勢を挽回せよ、との鋭い声もしきりに聞こえてくる。しかしそれは、プーチン体制の弱体化につながりかねない。

すでに七カ月近くに及ぶこの戦争をめぐっては、多くの点で当初の予想を超える意外な展開が見られる。たとえば、こうしたロシア軍の弱体と無能に加えて、プーチン政権のあまりに非合理で愚劣な振る舞い。そして二つ目に、ウクライナのまさに予想外の善戦と士気の高さ。加えて、ウクライナ政治指導部の秀でた政戦略の遂行がたいへん印象的である。その中心にいるのはもちろん、「ウクライナのチャーチル」、ゼレンスキー大統領であろう。

三つ目の「予想外」は、米欧を中心とする西側の、歴史上かつてない厳しい対ロシア経済制裁である。ただしこれは当初の予想に反し、いまのところ十分にその効果が表れていないとされているが、この点については、信頼できる専門家筋によると、ロシア経済の基盤は弱体化が進み、やがて危うい状態に陥るであろうとの見方も出てきている（『ニューズウィーク日本版』八月九日・十六日号）。

たしかに、北朝鮮にまで弾薬・兵器の供給を依頼しているとの報道はロシアの窮状を示している。論より証拠、西側の経済制裁がじわじわ効き始めているからこそ、プーチン自身も焦って東部ドンバス攻略の早期達成を厳命している。しかし、ウクライナ軍による九月のハルキウ方面からの目覚ましい反攻によって、それすらも阻まれているわけである。

そして最後に、より広く西側の視点から見て、もう一つ予想外の展開がある。それは、いわゆる「グローバルサウス」つまりロシアにも西側にも与しない途上国や新興国が、意外に存在感を発揮し出したことである。ただ、それら諸国は米ソ冷戦中の「非同盟」あるいは「第三世界」のようなかたちでグループ化することはなく、各国がおのおのの国益を踏まえて独自の行動を追求しており、かつてのような国際社会の公正な立場を主張し、大国に異議を申し立てる、という理念的な役割を発揮しようとする兆候は見られていない。これは要するに、西側vs.中ロという新しい冷戦構造のなかで、グローバルサウスと一括されても古い冷戦時代の「第三世界」的なパターンがそのまま再現されようとしているわけではない、ということである。

驚くべきロシアの弱体化

それにしても、もっとも印象的なのは、何といってもロシア軍の弱体ぶりだろう。それゆえ前述のハルキウ州など東部でのロシア軍の「壊滅的敗走」を踏まえて、アメリカの元大統領補佐官（国家安全保障担当）のハーバート・マクマスター陸軍中将（退役）は、九月十二日、米シンクタンクでの講演で、ロシア軍のこの弱体化を強調して「（いまなら全兵力一万人強の）リトアニア軍でさえ、サンクトペテルブルクまでたやすく進軍できる」とまで語っている。

ほかの軍事専門家のなかには、ここまで弱体ぶりを見せたロシアは、もう核兵器も使えないのではないか、との評価をする向きも出てきている。もちろん、事が核に関する以上、軽々な判断はできないが、少なくとも今後ロシアがさらなる核の恫喝を行なっても、その信憑性《しんぴょう》は、大いに低く受け止められることになろう。

もちろん、プーチンもこうした自らの弱体ぶりを痛いほど感じているからこそ、九月十五日に行なわれたサマルカンド（ウズベキスタン）での中ロ首脳会談では、中国の習近平主席に「すがりつく」ような、という形容詞が当てはまるほどの媚態《びたい》と追従の低姿勢ぶりを見せた。

曰く「ウクライナ危機をめぐる中国のバランスの取れた（つまり、どちらつかずの、という若干の皮肉もにじませて――筆者注）対応を（ロシアは）評価している」、また曰く「ロシアは台湾海峡をめぐる米国とその衛星国による挑発行為を非難する」等々、である。

こうしたロシアの弱体化がどのような影響を与えるかが、今後の世界情勢の焦点となってくるであろう。

それにしても、アメリカのバイデン大統領が半年前の三月一日に行なった一般教書演説の次のような箇所は、いまやたいへんに示唆《しさ》的である。

「将来、この時代の歴史を振り返るときがくれば、ウクライナに対するプーチンの戦争がロシアを弱体化させ、世界を強くしたと評されるようになるだろう」

これはあくまでも、アメリカの立場をふまえた国際社会への政治的な呼びかけではあるが、たしかにウクライナへの侵攻は、プーチンの「終わりの始まり」の可能性をはらんでいる。少なくとも、この戦争の泥沼化はプーチン体制の決定的な弱体化と表裏一体であり、国際社会は「ポスト・プーチン」の世界と、そこでロシアがどのような位置を占めることになるのか、を真剣に考え始める時期にきているのではないだろうか。

日本人が直面する世界史の大変動

いずれにせよ、折からのウクライナ戦争はユーラシア大陸史における歴史的なターニングポイントとなり、それは必然的に、わが国の針路にも大きな影響を与えることになろう。

そこで第一に留意すべきは、ロシアとウクライナが今後長く「不倶戴天《ふぐたいてん》の敵」の間柄《あいだがら》となり、再び同じ共同体をつくる可能性が歴史的にきわめて低くなったことだ。ロシアの手によって、あれだけの破壊と虐殺行為、なかんずく非道な侵略を受けたウクライナ人が、「ロシアとはもう二度と歩みを共にしない」と決意しているのは間違いない。この侵攻によって、ウクライナのヨーロッパ志向は決定的なものになり、それはいずれベラルーシをも巻き込み、そうなるとロシアはいわば裸で、強大かつ繁栄する西側勢力と直に向き合うことになる。

私はこの事実が、「連邦」と称してはいるが、典型的な「帝国」としてのロシアがいつまでその存在を維持できるか、という点において決定的な意味をもつと考えている。なぜならばこの数百年、近代ロシアが大国たりえたのは、ウクライナを帝国の一大支柱として支配下に置いていたからである。

キッシンジャーと並び称されたアメリカの戦略家・ブレジンスキーは、「ウクライナのいないロシア帝国は存在しえない」と喝破《かっぱ》しているが、ジャーナリストのケイシー・ミシェル氏のように、この戦争のあとに訪れるのは、〝ソ連崩壊の完成劇〟としてのプーチン・ロシアの崩壊と大分裂であると指摘する識者もいる（Casey Michel,"Decolonize Russia", The Atlantic, May 27, 2022）。

「ソ連崩壊は二十世紀世界で最大の地政学的惨事であった」とはプーチン大統領の言葉であるが、そんな恨み言を漏らさずにはいられないほど、ウクライナの独立はロシア自身の存立にとって痛恨事だったのである。

前述のとおり、もしウクライナが完全に自立すれば、ベラルーシなども後に続くかもしれない。そのとき、ロシアのヨーロッパ戦略は大転換を迫られる。ロシアはかつて、侵攻してきたナポレオン軍や、二十世紀にはナチス・ドイツ軍を撃退し、余勢を駆ってはるか西方へと勢力を伸ばした。冷戦時代には東経一〇度（ほぼ東西ドイツの国境近く）のラインまで、その支配と影響力を広げた。

しかし、冷戦が終焉して、東欧諸国が「ソ連の軛《くびき》」から逃れると、東経二〇度から二五度（バルト海からエーゲ海に至る）の線までその後退を余儀なくされ、そしていまやウクライナが（もしかするとベラルーシも）完全に西側に与するならば、ロシアの勢力圏はＮＡＴＯの最前線となったフィンランド国境から黒海、ないしコーカサス山脈の東を南北に結ぶ東経三〇度から三五度のラインまで下がることとなる。

これはもう、われわれの知る「ロシア」ではありえない。もし、ロシアの勢力圏がそれほど東に退けば、つねに緊張関係にあるヨーロッパと物理的に距離が近い西方のモスクワに首都を置くこと自体が不合理となる。そうなると国家としての重心を大幅に東に移さざるをえない——そして中国に従属する——わけで、このシナリオだけでももし現実のものとなれば、ロシアがヨーロッパから隔絶された「小国」への道を辿る端緒《たんしょ》にもなりかねない。

そのようなことになれば、チェチェンやタタルスタン、そのほかにもサハ、カルムイキア、バシコルトスタンなど、いまはロシア連邦のなかに抑え込まれている帝政ロシア以来の「植民地」も独立へ向かって動き出すだろう、と先に論文を引用したミシェル氏は指摘する。つまりシベリア・極東も含め、ロシアがバラバラになる、という可能性だ。

もしかすれば、そんなきわめて厳しい現実を承知していたからこそ、「大ロシア帝国の再建」を悲願とするプーチン大統領は、ウクライナとヨーロッパの接近を断じて看過せず、リスクを承知で今回の侵略戦争に打って出たのかもしれない。もちろん、こうした大変動がどのようなタイム・スケール（時間幅）で起こってゆくか、現時点ではなかなか見通しにくい。しかし、それが起こりうる可能性がある以上、米国をはじめとする西側の戦略目標のなかに当然、反映されていることであろう。

もし第二のゴルバチョフと「再民主化」の流れが生じたら

ロシアの決定的な弱体化は外の世界にも甚大な影響を及ぼすが、とくに日本の立場から緊急に議論されるべきは、米中関係への影響である。たとえば日本では、衰えたロシアを中国が属国化してますます巨大化する、と論じる専門家は少なくない。

そもそも、米中の対立がつねに国際政治の中心軸である今日、ともにアメリカと対峙する仲間としてのロシアが頼りうる大国でなくなることは、中国にとっては少なくともまったく歓迎されざる事態である。

中ロは（二〇二二年）九月初旬に極東地域で戦略的軍事演習「ボストーク２０２２」を行なったが、同演習にインドなど一四カ国が参加したのは、現時点ではロシアの威光が多少は健在だからであろう。こうして、中国はロシアを利用して「仲間」を増やすことができるのである。

さらにいえば、この度のウクライナ戦争は、バイデン大統領が力説する世界の「民主主義対専制主義」という図式を明確にした。すなわち、「欧米対中ロ」の構図が鮮明になったとも言い換えられるが、もし、その「専制勢力」の一方の雄であったロシアが小国とはいわずとも、大きく弱体化して混乱する衰退国家へと転げ落ちれば、世界的なバランス・オブ・パワーに大きな変化が生じるのは明白である。米欧など西側の一部にはその可能性、あるいはそれが望ましいことを隠すことなく抱いている向きもある。

アメリカのオースティン国防長官は今年（二〇二二年）四月のヨーロッパ訪問時、アメリカの目標として「ロシアが、ウクライナ侵攻のようなことを繰り返すことができない程度に弱体化することを望む」と述べている。のちに内容は修正がなされたが、そうした蓋然性をよく承知しているからこその発言であっただろう。

現在のロシアは経済力こそ脆弱だが、世界に冠たるエネルギー大国であり、一部の先端的な科学技術力では中国に依然として優っている。むろん、国連の常任理事国でもある。そんなロシアが弱体化するばかりか、たとえば第二のゴルバチョフが現れて「再民主化」をめざす流れが生じれば、中国にとっては一党独裁を揺さぶるイデオロギー的脅威であり、重大な国家安全保障上の問題として浮上しかねない。米中の覇権競争を戦う中国の国家目標にとっても大きなマイナスである。

現代史の「悪役」が転換する可能性

今回のウクライナ戦争とは、このように歴史をふまえ、同時に大きな未来を見据えて長期的に展望しなければ、その本質はつかめない。しかし残念ながら、わが国ではそうした考察が少ないように思えてならない。専門家も含め、日本人はとかく目先の問題に拘泥《こうでい》して、歴史と未来を大きくつかむのが不得手であり、その点では中国のほうが長けているかもしれない。

元駐ウクライナ中国大使である高玉生氏は、政府系のシンクタンクで、公に「（もしもロシアが敗北したならば）日本とドイツは第二次世界大戦の敗戦国という歴史の束縛から完全に脱却する」と語っている（この論評を掲載したネットのサイトはすぐに削除された）。これはすなわち、先の大戦の「侵略者」とされてきた日本とドイツが、今回は「連合国」側に名を連ねているので、正真正銘の侵略戦争を仕掛けたロシアが敗れれば現代史の「悪役」が入れ替わることになる、と中国の立場から警戒しているのである。

二十一世紀の今日、明白に帝国主義的な侵略戦争が白昼堂々と行なわれ、それを仕掛けたのが国連の常任理事国という現実。しかも、数えきれないほどの戦争犯罪と「核の脅し」や原子力発電所への意図的な攻撃を繰り返すプーチンのロシア。これだけの暴挙を犯したロシアを罰して非を認めさせられなければ、第二次大戦以来の国際秩序は大きく棄損《きそん》される。そうした面からの危機感や問題意識は、本来であれば日本人こそが人一倍強く抱くべきではないだろうか。

台湾と結びつくウクライナ戦争

以上をまとめると、今般のロシアによるウクライナ侵攻が明白な失敗に終わり、プーチン体制が何らかのかたちで清算され、ルールに基づく国際秩序が再建されることが、二十一世紀の世界と日本にとってきわめて望ましいシナリオだとわかるだろう。それには次の三つの理由がある。

その第一は、すでに述べてきたように、まず何を措《お》いても、今日の世界秩序を守るうえで、主権国家へのこれほどあからさまな侵略行為はかつてなく、この国際法に対する正面からの違反は罰せられなければならない。

また、その明白な戦争犯罪の責任は追及されて然るべきである。さらに人権と民主主義という二十一世紀の国際社会を導くべき普遍的な価値の回復という点でも、それはいまや「世界秩序問題」と密接不可分なものとなっている。

第二の理由は、やはり前述した通り、覇権主義的な膨張を続ける中国を抑止するうえで、ロシアの「弱体化」と、できうればロシア自身の「再民主化」は、台湾海峡をはじめとするインド太平洋地域の平和と安全にとって望ましい結果をもたらすからである。

そして第三に、ウクライナ同様、ロシアという「力の信奉者」と（東方で）隣接する日本自身の安全保障の確保や、北方領土交渉を再起動させ、拉致・核問題を含む対北朝鮮外交を促進するうえでも、プーチン・ロシアからの「不可逆的な変化」が期待されるのである。

もちろん、こうした変化は一朝一夕に進行するものではないだろうし、またそうした変化の過程では、ロシアのなかで幾多の混乱——時には大規模な——が繰り返されるかもしれない。しかし、こうしたヴィジョンを描くことが、世界の安定と平和への道に向けて希望を示し、堅実で粘り強い対処を促すことにもつながる。

他方で、それには足もとに三つの大きな関門が待ち構えていることも直視しなければならない。一つは、いうまでもなく今後のウクライナでの戦局の行方であり、ロシアの国内情勢の変化である。そしてほかの関門は、今年十一月八日に迫ったアメリカの中間選挙と、その前月に開かれる、習近平氏の三期目が決まるとされる中国共産党大会という二つのスケジュールである。前者はその結果次第で、バイデン政権の対ウクライナ戦略と台湾政策に大きな影響を与えることになるし、後者は党大会後の習政権がほぼ間違いなく、対台湾をはじめとする対外政策において、これまで以上に強硬に出てくることが予想される。

バイデン大統領は九月十七日、敗北を続けるロシアに対し、「絶対に核を使うな。そんなことをすると、（西側は）第二次世界大戦後、かつてなかったような対応をとるであろう」と、きわめて厳しい警告を発した。

また同月には、CBS放送のインタビューに答えて、今年五月の訪日時の言明以上に明確に、中国が台湾に武力侵攻すれば米軍は必ず介入することを繰り返し明言した。ただ、もし中間選挙後、いわれているように政権が「レイムダック」化すれば、こうしたアメリカによる力強い対中抑止の信憑性は大きく後退するであろう。

さらなる問題は、三期目を手にしたあとの、習近平政権の出方である。党大会後の習政権が台湾問題で一層強硬になり、同時にいま以上にロシアに接近して支援を強化する可能性がある。

ペロシ米下院議長の訪台の直後、ロシアのペスコフ報道官は「訪問はまったくの挑発以外の何ものでもない」と評し、タス通信は「(訪台による米中の関係悪化は)中ロの戦略的パートナーシップの一層の強化をもたらす」と報じた。これは、追い詰められるロシアがいよいよ本格的に中国にすり寄り、台湾問題に介入し始め、いまやウクライナ戦争と台湾がいかに密接につながっているか、をよく示している。

曖昧戦略から明瞭戦略へと転換するか

ここで、台湾問題の背景をあらためておさらいしておくと、アメリカはこれまでの台湾政策として「曖昧《あいまい》戦略」と呼ばれる政策を採り続けてきた。その背景には、「中国が台湾に侵攻すればアメリカが軍事介入する」と明示すれば、台湾の独立派は動きを活発化させてかえって中国の攻撃的な対応を招き、戦争への機運を高める恐れがある、と考えてきたからである。

これはアメリカにとっては避けたいシナリオで、「中国の武力行使は許さない」という姿勢を示しつつ、台湾内の独立への動きも抑えて、双方に現状維持を強いるため、あえてアメリカの出方を「曖昧」にしておく戦略こそがもっとも合理的だと判断してきたわけである。

ところが今日、この地域における米中の軍事バランスはまさしくギリギリの拮抗《きっこう》状態に達しており、米中関係全体も覇権をめぐる鋭い対立関係に陥っている。そこへ、この八月にペロシ下院議長が台湾を訪れたことでさらに緊張が高まった。台湾では、「自分たちもウクライナと同じ運命を辿るのではないか」との悲観論も高まるなか、それならアメリカに頼るのはやめて、北京の言うことを聞こうという、いわゆる「アメリカ離れ」を抑えるためもあって、この時期の訪台に踏み切った背景がある。

それでもいま、最大野党の国民党など台湾世論の一部には「アメリカに見捨てられる前に中国共産党と手を組むべき」との動きはゼロではない。これは、アメリカにとってはとりわけ由々しき事態である。それゆえ、中国を抑止する目的と並んで、このような一部の台湾世論に対処するためにも、いまやアメリカには「曖昧戦略」からの訣別《けつべつ》が求められているのである。

もしも台湾が中国に呑《の》み込まれれば、東シナ海や南シナ海だけでなく、西太平洋の広大な海域が中国の排他的な勢力圏に組み込まれることを意味する。それはとりもなおさず、日米などの同盟の空洞化へとつながり、太平洋国家としてのアメリカの存立は根底から揺らぐだろう。あるいは、アメリカが守ると口にしていた台湾の民主主義が踏みにじられれば、世界中の同盟国がアメリカを見る目を変えてもおかしくない。

さらにいえば、台湾は半導体の分野で世界のサプライチェーンの中心であるから、経済的な対中国デカップリング戦略においては必要不可欠な存在だ。もし台湾の半導体産業が中国の支配下に置かれれば、アメリカが中国との覇権競争で不利な立場に追い込まれるのは疑う余地がない。

まさしくいまアメリカ議会では、共和党を中心に「台湾政策法案」と称する法律を成立させて、台湾を日本や韓国と同程度の同盟パートナーに「格上げ」しようとする試みが進行している。とはいえ事態はじつに複雑で、アメリカが「明瞭戦略」へと舵を切れば、とくに台湾の人びとは、今度は米中、中台間の戦争を現実的に考え始めるであろう。

中国はそれを奇貨として、企業人など大陸に権益をもち、戦争を回避したいと考える台湾人への工作を強め、「内側からの瓦解を画策するはずだ。並行して武力に訴えた圧力も予測され、そのためには八月のペロシ訪台の直後に行なったように、台湾上空を通って太平洋のいわゆる第二列島線近くまで届くミサイルを頻繁に撃ち込み、台湾とアメリカ――そして日本――を挑発することも考えられるだろう。

十一月の米中間選挙の結果にもよるが、もし台湾政策法案がこのままのかたちで成立すれば、アメリカが「明瞭戦略」へと決定的に傾くことになる。それは台湾のみならず、米中関係全体にかつてない大きな影響を与え、現在のアメリカと東アジア全体が「歴史的な分岐点」に直面することになろう。その可能性は、バイデン政権のウクライナ支援の行方と並んで、中間選挙後の動きにかかっている。

事程左様《ことほどさよう》に、アメリカの国内政治の行方次第で国際秩序の大きな方向が決定されてしまう。世界は、いまそういう際どい状況に追い込まれているのである。まさに、世界はいま「吊り橋」を渡っているのである。

台湾問題をめぐる時間軸

中国のウクライナ戦争への姿勢についていえば、米中対立の深まりと価値観に関わる「民主主義」対「専制主義」の対峙ということが国際情勢の基本構造になっているから、中国の根本的な大戦略としてはロシア支持以外にありえない。だからこそすでに指摘したように、ロシアの衰退は中国にとってもアキレス腱となるのだ。

とはいえ、中国も欧米による経済的な二次制裁は警戒しているから、ロシアの敗北やプーチン体制の崩壊が決定的にならないかぎり、表立ったかたちで大幅にロシアに肩入れすることはないだろう。もしも中国が制裁の対象となれば、たしかに欧米も返り血を浴びるが、欧米との密接な経済関係をもつ中国経済はロシアとは違い、大打撃を被《こうむ》る。

加えて、中国とロシアの違いをあえて端的に表現するなら、国際法を無視して正面から侵略戦争を仕掛けておきながらこれほど開き直れる国は、世界広しといえどもロシアくらいのもの。翻って中国は、中長期的な国益に鑑み、国際社会での自国のイメージを保つため、戦略的に行動を自己規律する国である。中国共産党は昨今、「非戦争軍事行動」という奇妙な言葉を意図的に用い始めているが、これは「国際法に違反しない侵略戦争」を正当化するための方便にほかならない。

習近平国家主席はいま、台湾問題を念頭に置きながら、国際社会がウクライナ戦争にどう反応しているかを綿密に観察しているはずだ。そこで焦点となるのが、G7をはじめとする西側以外のいわゆる第三勢力、いわゆる「グローバルサウス」の動きである。中国はとくにBRICSの国々などを自陣営に引き込もうとしているが、もしここにASEAN

諸国まで取り込まれれば、インド太平洋の戦略バランスにも大きな影響が生じる。

しかし私は、中国がここ一〜二年で事を起こすことはないと予測している。今年十一月の台湾・台北市長選には国民党の蔣万安《しょうばんあん》氏が立候補しているが、彼は蔣介石の曾孫《ひまご》として人気を集めている。おそらくその台北市長選勝利の勢いを駆って、二〇二四年一月に行なわれる台湾総統選にも立候補する可能性は少なくないだろう。対する与党民進党は蔡英文総統の続投はないので、蔡氏よりも独立志向の強いとされる頼清徳《らいせいとく》・現副総統が有力候補となるが、そのときに結果がどう転ぶか予断を許さない。

以上のような状況を見据えるならば、中国からすればリスクを冒して戦争を強引に仕掛けるより、まずは二〇二四年に向けて行方を見守るとの考えに傾いているのではないか。もちろん、その間にも偶発的に中台、そして米中の軍事衝突が起きる可能性は否定できないから、その点についてはは日本もつねに備えを怠るべきではない。

ただ、ワシントンから聞こえてくる声は少し違っていて、「台湾有事」への切迫した見方が広がっていることにも注目すべきだろう。たとえば、デービッドソン前米インド太平洋軍司令官は、中国は二〇二七年までに台湾に武力侵攻する可能性が高いと議会で証言し、退任後にも同趣旨の警告を繰り返している。これは同年に習近平国家主席の三期目が終わる際、台湾を「解放」できていないではないか、という党内の批判を未然に封じるためにも、それ以前に軍事行動を起こすのではないか、という見立てだ。

いずれにしても、日本は台湾問題についてはこうした時間軸を念頭に置いたうえで、年内に決定される「国家安全保障戦略」など安全保障の三文書の策定にも取り組む必要がある。そこでは、ウクライナや台湾という切迫した課題はもちろんのこと、軍事とともに外交が果たす余地も充分に組み入れた安全保障戦略を、長期的・総合的に検討していかねばならない。

国力の二本柱をどう再建するか

以上のように、二〇二二年を境に世界情勢は、掛け値なしに一大分岐点に立っている。この九月に三年ぶりに開かれた対面の国連総会の大テーマも、歴史的な「分水嶺のとき」を謳っていた。しかし、この二〇二〇年代を生きる私たち日本人が真っ先に目を向けるべきは、何を措いても、衰退し続けているこの日本の国力の再建以外にはない。

日本の経済力はもはや見る影もなく、信頼度の高い最新の「世界競争力年鑑２０２１」を参照すれば、日本の総合順位は六四カ国中三一位だという。二〇二二年上半期の日本の貿易収支は約八兆円の赤字と計算されているが、専門家以外の日本人のどれだけの人がこの数字に問題意識を感じているだろうか。

いくら安全保障の重要性を叫んだところで、財政が火の車でそれを支える経済力がなければ「ない袖は振れない」ということだ。一人当たりのＧＤＰ（購買力平価）はすでに韓国やイスラエルに抜かれる有様。早くから、「日本の衰退」の可能性に警鐘を鳴らし続けてきた私としては、「こんな日本に誰がしたのか」との思いを拭うことはできない。

とくに私が強く懸念しているのが、日本人は自信をもって自分たちで何かを決断する力を失っているのではないか、ということである。これは安全保障政策に典型的に表れているが、それにかぎった話ではなく、新型コロナ禍ではワクチン開発の遅れや治療薬の緊急承認の先延ばしだけでなく、デジタル化の遅れはいまや広く満天下に明らかになってしまった。つまるところ、物事を合理的に考える力と、問題を直視して決断する勇気、そして持続可能な方向へと舵取りし、実行していく指導者たちの責任感。このいずれをも忘れてしまっているのではないか。

安保と経済、この「国力の二大柱」の再建という、わが国が直面する歴史的なテーマは、結局のところ日本人の「精神の目覚め」を切実に求めているのではないだろうか。

初出一覧　『Ｖｏｉｃｅ』（ＰＨＰ研究所）

第一部

第一章「トランプ時代の日米関係――その危うさ」（原題「米国は一〇〇％後方支援だけ」）二〇一七年四月号
第二章「中国と日本の百年マラソン」二〇一八年一月号
第三章「平成日本衰亡史」（原題「『平成三十年』衰亡史」）二〇一八年九月号
第四章「眼前にあった自立への『追い風』」（原題「備えとはこの日本を誇る心」）二〇一九年一月号

第二部

第五章「戦後七十五年の日本は合理主義の精神に目覚めるとき」（原題「歴史観と合理主義精神に目覚める夏」）二〇二〇年九月号
第六章「米国の難局と『責任ある保守』の時代」（原題「米国の難局と『責任ある保守』の使命」）二〇二一年一月号
第七章「インド太平洋に浮かぶ世界新秩序」（原題「インド太平洋に浮かぶ世界新秩序」二〇二一年七月号）
第八章「価値観を重視する『新しい現実主義』を」（原題「『新しい現実主義』で習近平と対峙せよ」）二〇二二年三月号
第九章「『ポスト・プーチン』の世界秩序」（原題「『ポスト・プーチン』の国際秩序」二〇二二年十一月号）

〈著者略歴〉
中西輝政（なかにし　てるまさ）
1947年大阪府生まれ。京都大学法学部卒業。ケンブリッジ大学大学院修了。京都大学助手、三重大学助教授、スタンフォード大学客員研究員、静岡県立大学教授を経て、京都大学大学院教授。2012年に退官し、京都大学名誉教授。専門は国際政治学、国際関係史、文明史。1997年『大英帝国衰亡史』（PHP研究所）で第51回毎日出版文化賞・第６回山本七平賞を受賞。2002年正論大賞を受賞。他の著書に『近代史の教訓』『覇権からみた世界史の教訓』（以上、PHP文庫）など多数がある。

偽りの夜明けを超えてⅠ
「冷戦終焉」という過ち

2023年４月７日　第１版第１刷発行

著　者	中　西　輝　政
発行者	永　田　貴　之
発行所	株式会社ＰＨＰ研究所
東京本部 〒135-8137	江東区豊洲5-6-52
ビジネス・教養出版部	☎03-3520-9615(編集)
普及部	☎03-3520-9630(販売)
京都本部 〒601-8411	京都市南区西九条北ノ内町11
PHP INTERFACE	https://www.php.co.jp/
組　版	有限会社メディアネット
印刷所 製本所	図書印刷株式会社

 ISBN978-4-569-85363-5

PHPの本

日本人として知っておきたい「世界激変」の行方

中西輝政 著

トランプショック、中露台頭、波乱のEU……。世界はどこに向うのか？　世界の危機とは？　日本の真の危機とは？　世界の「激動の核心」を読み解く渾身の論考。

〈PHP新書〉定価　本体八〇〇円（税別）

PHPの本

アジアをめぐる大国興亡史 1902−1972

中西輝政古稀記念論集

中西輝政 編著

第一次世界大戦後から第二次大戦後まで、アジアにおいて列強各国はどのような思惑と論理で行動したのか。壮大なスケールで分析する。

定価 本体一、八〇〇円（税別）